# 躾

## 子どもの未来はしつけしだい

朝日生命体操クラブ総監督
塚原千恵子

日本文化出版

# 目次

表紙の書　杭迫柏樹

## 第2章 子育て 失敗しない子育ての必勝プラン



## 第3章 親の責任 モンスターペアレンツにならないために

# まえがき

1968年のメキシコオリンピックに出場し、現役引退後の1976年に朝日生命で女子体操を指導するようになってから40年近くの月日が流れました。

その間、東京都世田谷区にある朝日生命久我山体育館で育ててきた大勢の子どもたちの中から、オリンピックの日本代表に選ばれた選手はロンドン大会で合計24人（女子選手23名と塚原直也）になりました。

長い間、体操界で英才教育を行い、エリート選手を育てている中で感じていることがあります。最近、子どもたちを育てるのが非常に難しくなってきたということです。

親が変わってきたということはもちろんあるのですが、時代とともに子どもたちが変わってきたということ、昨今は本当に選手を育てにくいと思うようになっています。

経済的には豊かになり、さまざまな設備や環境も充実してきています。ですが、その反面、足りなくなってきているものが確かにあります。

それは、子どもたちのがんばりであり、親のがんばりや支え。子どもが育っていくうえで、とても重要なものが不足していて、このままでは明るい将来がやってくるのかどうかと心配になっているのです。

不足している重要なものを、日常生活の中で身につけさせるのが「しつけ」です。正しいしつけができないことが、がんばれない子ども、我慢できない子ども、感謝できない子どもを育て、それが我々指導者に「選手を育てにくい」と感じさせる大きな原因になっていると感じられるのです。

子どもたちには未来があります。そして、その未来のため、スポーツでも学業でもこれと決めたことに打ち込み、がんばらなくてはいけません。成功するためには本人の才能はもちろん必要でしょうが、それはすべてに共通していることです。

けれども、才能と本人の努力だけでも足りません。子どもの成長には、そこに携わるコーチ、周辺で支える側である両親や祖父母ら家族、普段通っている学校の先生など、大勢の人が関わっています。何人もの支える人たちがいて初めて、その子が正しく成長していくのです。

そして最近感じているのは、親の正しい支援が少なくなっていることです。とりわけ重要である母親の支えは不足しているように感じています。父親も大事ですが、子どもの成長で重要なのはやはり母親です。母親の陰ひなたとなる支えこそが、子どもを成功へと向かわせるのです。

もう一つ。反対に昨今は、親から指導者に対する注文が過剰になる傾向が強まっています。以前の親は、一度子どもを預けたらその後は指導者を信頼し、子どもががんばるのを周囲から支えていました。親も多少の我慢をしながら子どもの成長を見守っていたのです。

つまり、基本的には「子どもがやりたいからやっている」というスタンスでした。ところがこのところは、親がやらせているというスタンスになってしまっているケースが増えています。これは「支え」を超えて過保護になってしまっているという悪いケースです。

体操は個人競技ではありますが、オリンピックで重要なのは団体戦であり、日ごろのトレーニングは集団生活の中で行います。そこではおのずと節度が必要となり、ときには我慢することも必要になってくるのです。

感謝の心も大事です。特にオリンピックに出る選手は、周囲から支えられて世界に出ていきます。ですから、感謝の心は必要不可欠です。また、オリンピック選手は子どもたちからあこがれられる存在です。人格的にも優れていなければいけないし、優れた人格を形成する要素として、感謝の気持ちは非常に重要なのです。

ところが、最近は何から何まで自分の思うようにならないと我慢できないという子どもと親が増えてきています。感謝の念の足りない子どもも多くいます。これは残念なことですし、これでは日本の子どもたちの将来が心配なのです。

親が子どもを思う気持ちはいつの世も変わりません。自分の子どもがいちばん可愛いというのも変わらないことです。

ただ、その思いだけで子どもが正しく成長していくのならいいのですが、親の介入の仕方によって子どもがダメになる場合もあります。支えるのと過保護は違うのです。

わたしには長い間、多くのオリンピック選手を育てながら培ってきた経験を持っているという自負があります。オリンピックには選手として1回、そしてコーチとしては6回携わってきました。一人息子の直也も小学校5年生のときから体操を始め、朝日生命久我山体育館で練習をしながら成長し、アテネオリンピックで金メダルを獲得しました。直也に関しては体操はもちろんのこと、食事、勉強など最大限のサポートをしてきたつもりです。

この本では、指導者として選手たちに英才教育をしながら感じてきたこと、考えてきたことを基に、子どもを成功させたい親に伝えたいことをまとめました。

子どもは未来の宝。この本には、子どもを持つ親、中でも母親たちを応援したいという思いが込められています。この本を日本のお母さんたちが迷っているときに参考にしていただければと思っています。決してマニュアル本ではありません。お母さんが子育てで迷ったと感じたとき、ちょっと読んでみてもらいたいのです。

あるいは、考える気力がなくなってしまったわ——というときに、ふと目を通してもらいたいのです。一回読んでいただいた後も手元に置いておいて、気になったとき、思い出したときに読んでいただければと思います。

# 第1章 しつけ

## 成功者になるための基本習慣

## 挨拶はすべての基本

「しつけ」の基本は挨拶《あいさつ》です。朝日生命体操クラブでは、挨拶に関してはしっかりとした指導ができているという自負があります。

未就学の子どもでも、きちんとした挨拶ができます。うちでは「ここにいらっしゃるお客さまは皆、体操の関係者だったり、お世話をしてくれる人だったり、マスコミの方だったりするので、皆さんに挨拶してください」と指導しています。

体育館にいらっしゃった皆さんからおほめの言葉をいただくことも多くあります。

「こちらの体操クラブでは小さな子どもたちにも挨拶のしつけができていますね。気持ちいいです」と言っていただくこともあります。中には、「現代っ子は、朝起きても親に挨拶もしない子どもが多いのに、ここではこんなに小さい子が挨拶をしてくれるので気持ちいい」と言う人もいます。挨拶の評判を耳にしたある保育園の先生が、見学に来たこともあるほどです。

挨拶はスポーツだけではなく、社会に出ても、会社に勤めても生きてきます。どこでも気持ちよく挨拶ができる、大きな声で挨拶ができるということは、人間関係を良好にすることにつながりますし、何より自分が気持ちよく働けるのです。

それに、挨拶のできる人は皆に可愛がってもらえます。可愛いと思われることはとても重要です。なぜならその人は、自分のために何かをやってくれるからです。ときにはサポートもしてくれるようになります。これこそ社会で生きていくうえで、挨拶が大切だというゆえんです。挨拶は自分を助けることにもなるのです。

指導する際は、「明るくハキハキと挨拶をしましょう」と教えます。指導者としても、明るい子、挨拶をきちっとできる子がいると、自然とその子にいっぱい教えてあげようという気持ちになるものです。

挨拶もできないような、あるいは、小さな声や暗い顔でしか挨拶をしないような子どもには教えないということではありませんが、やはり、明るくハキハキと挨拶できる子どものほうが、接していて自然と教えてあげたいという気持ちになることが多いのです。

指導者を、「たくさん教えてあげよう」という気持ちにさせる子どもは、それだけ伸びていきやすくなります。だから、明るくて元気で挨拶がきっちりできることは、決して損にはなりません。できない子どもと比べると必ず得になります。

ただ、最近は家庭で挨拶が全然できてないという子どもが多いようです。「体操教室に子どもを通わせてから、挨拶ができるようになったただけでもすごいです」と言う親もいるほどです。

家で朝起きて家族に「おはよう」も言えない子どもが増えているのは寂しい感じがします。家庭での親子の会話が減っているのだなと思います。

朝日生命久我山体育館には、体操教室の看板に「明るく　元気に　一所懸命がんばろう」と書いてあります。それが教室の合言葉になっています。単純な言葉ですが、これが基本です。こういう子どもが、愛され、伸びる子どもになっていくのです。

ですから体操教室では、お客さまへの挨拶はもちろんのこと、指導者や事務職員、仲間、器具の練習に入るときに「お願いします」と挨拶をすることや、体育館を出るときに「お先に失礼します」と挨拶することなど、いろいろな場面で挨拶をするように指導しています。

練習前はまず体育館へ入ってきてドアを開けたとき、体操の器具に向かって挨拶をします。そして体操場に「お願いします」と言って入り、器具に、そして先生に、「練習を始めます。お願いします」と言います。

練習が終わるときも一緒です。各器具の練習が終わるごとにその器具に礼をします。平均台、段違い平行棒、跳馬、ゆか……。そしてすべての練習が終われば掃除です。掃除は感謝の気持ちを込めて全員で行います。

特徴的なのは挨拶する際、手に持った荷物は全部おろしてすることを教えていることでしょう。特に体育館に入るときは、きっちり荷物をおろして「お願いします」と言うようにしています。これで気持ちが切り替わり、スイッチが入ります。練習場は武道の道場と同じで、気持ちを切り替えないとケガにもつながります。

このように、うちでは挨拶に関しては厳しくやっています。挨拶は何事においても上達の基本になるからです。というのは、先述の通り、挨拶のできる子は教えられ上手であるうえ、挨拶によって気持ちも整うし、集中力も上がるのです。

とはいえ、教室やクラブでは挨拶で親に感謝されることも多いのですが、それでもやはり、本当のところは各家庭でしつけるものだと思います。

まずは朝起きたときに、親が自ら率先して子どもに「おはよう」と声を掛けましょう。返事がなかったら、「今日は機嫌が悪いのではないか」と、子どもの顔色をうかがっておどおどするのではなく、「挨拶をしなさい」と言いましょう。

「おはよう」「おかえり」くらいは言わないといけません。挨拶のできない子どもの親は、往々にして家で挨拶をしていないものです。

ですから、まずは母親から率先《そっせん》して実行しましょう。家でやっていると自然と身について挨拶のできる、可愛がられる子どもになっていきます。

ところで、中には不思議な母親がいます。体操教室が終わるころ、車でお迎えに来ているとき、こちらは車の中に親が乗っているのがわかっているのに、指導者がそばを通ってもじっと隠れているのです。

もちろん、わたしたちも親を見かければ挨拶はします。大切なお子さんを預かっているのですから、当然のことです。ですからやはり、自分の子どもがお世話になっているのだから、気づいたら出てきて一礼くらいするようでないといけないと思います。

いちいち挨拶するのが面倒なのでしょうか。見つからなければいいわ、というような感じで車の中で小さくなっている親がいるのが不思議でなりません。

子どもがクラブでしかられたときの対応も大事です。たとえ体操クラブの活動中にしかられたとしても自分まで一緒に小さくなっている必要はありません。子どもだからしかられるときもあるし、厳しくされるときもあります。それが普通です。そういうとき、母親が一緒になってしょげたり、反感を抱く必要はありません。どういうときでも、指導者に対しても、いつものように堂々と挨拶をし、「ありがとうございます」「お先に失礼します」と言う姿が、子どもに安心感を与えるのです。我が子がしかられたことを受け入れる親の姿勢が、子どもだけでなく、指導者にも信頼感を与えることになるのです。

**躾MEMO**
**挨拶は一方的なものではありません。子どもの返事が聞こえなければきちんと注意し、自分から気持ちよく挨拶のできる子どもにしつけましょう。**

## 返事は「はい」と元気よく

挨拶と同じように大事なのが返事です。「はい」という返事も、物事を習うときの基本です。

体操の技の指導をしていて気づくのは、「○○してください」と言ったときに、ハキハキ「はい」と返事をしてからやる子どもは、伸びることが多いということです。もちろん中には、性格的におとなしくて返事ができず、頷くだけの子どももいます。そういう場合はこちらもその子の性格を受け入れますが、指導された際にリアクションがない子どもには困ってしまいます。

スポーツではよく、「声を出しなさい」と言われます。指導を受けている中で返事をするのもその一つであり、とても大切なことです。

だから意思表示をしない子どもには、「返事をしなさい」ときちっと言います。もちろん、何でも「はい」と答えればいいわけではなく、理解できないときや自分の考えが違うときは、それなりの返事で意思表示をしなければいけませんが、とにかく、挨拶も返事も、すべて上達の基本なのです。

そして、挨拶や返事には、家庭を明るくする力があります。母親は朝起きたときには「おはよう」と言い、子どもが帰ってきたときには「おかえり」と声を掛けましょう。

自らが率先して挨拶していることで、子どもに厳しくしつけしなければいけないときに、しっかり意見することができるのです。

最近は母と子どもが友達感覚になっていることも多いと思います。悪いことではないのですが、それが原因でしつけがおろそかになるのなら友達関係はやめるべきです。

厳しく言ったりしかったりすると、子どもが不機嫌になるのでそれが怖いという親がいかに多いか。

それではいけません。子どもに気に入られることを言うだけではダメ。心から子どもを可愛いと思い、立派な子どもに成長していってほしいと思っているのなら、厳しく言うときは言わなければなりません。それが「しつけ」です。母親がしつけなければ誰がしつけるのでしょう。

昔は一つの家に大勢が一緒に住み、部屋も狭かったので、しかられた子どもに逃げ場はありませんでした。家族という集団生活の中で、社会性の基礎を学びながら育つことができたのです。今は子どもたちがそれぞれ自分の部屋を持っていることが多いので、子どもは母親に小言を言われるとすぐ自分の部屋にこもってしまうというケースが出てきます。

豊かになった半面、こういったマイナス要素も出てきています。けれども、子どもの機嫌をとるだけという母親にはなってもらいたくない。わがままな子どもに育ってしまうからです。

子どもには、何かを教えられたときは必ず「はい」と元気よく返事をするようにしつけておきましょう。

## 感謝の心を持つ大切さ

そもそも、全日本選手権の上位に入るような子どもは、必ずある程度の才能を持っています。そのことは親もよくわかっていることでしょう。

そこで陥りやすいのは、自分の子どもは才能だけで上位にいるのだと勘違いすることです。才能があるから大丈夫と思ってしまうのは誤りです。才能のある子どもがハイレベルな指導者から的確な指導を受け、周囲によってしっかりサポートされているからこそ成功するのです。

ですから、自分が受けたサポートに対しては、感謝の心（気持ち）を持つことが人間として必要です。

最近の世の中で不足しているのは「感謝の心」です。一人の人間が成功するためにはどれだけ周囲の支えがあってのことなのか、そこに思いを巡らせることのできない人の人生は貧しいものになってしまうでしょう。オリンピックに出たのは自分の子どもに才能があるから、という考え方でいると親子ともども間違った方向に進んでしまいがちです。

注意しなければいけないのは、成功しているときこそ、感謝の心を忘れがちという点です。

「実るほど　頭を垂れる　稲穂かな」という言葉があります。

稲穂は実がたくさん入っているほど重く、頭が下がっていきます。人もそれと同じで、学識や徳が高く、人格の高い人ほど、態度が謙虚であるという意味です。わたしもそうあるべきだと思いますし、そうあるためには感謝の心を持つことがいちばんです。

わたしたちの体操クラブでは基本的に選手の親と個人的な付き合いをしていません。かなり以前のことですが、ある選手の母親とたまたま一緒になったので食事をしていたら、それを見ていた別の選手の親が「先生は特定の選手をひいきしているのではないか」と陰で言うようになったからです。

そんなつもりは一切なかったのですが、たまたま一緒に食事をしたという行動で他の親に疑念を持たせてしまったのも事実なので、そうなる危険性があることはもうやめようと思いました。

ですからわたしは選手の親と近しい関係になることはないのですが、保護者との面談は必要に応じてやります。選手を育てるには家庭の協力が必要だからです。

そこで感じるのは親がしっかりしていると、その子どももしっかりしているということ。あるいは、間違った方向に進みそうなときでも、軌道修正できやすいということです。

しっかりした親の子どもは、挨拶や行儀作法、人への思いやりなど日常生活の中でしつけを受けて育っているからだと思います。そういう子どもは選手を辞めて社会人になった後でも、たとえば〝わたしの好きなもの〟を覚えてくれていて、折りにつけ地方の産物を送ってくれたりします。そういうことは本当にうれしいものです。

親は誰でも子どもに思い入れをして育てています。それでもときには子どもが不良になったとか、子どもが思うような方向に進まなかったとか、そういうケースは多々出てきます。

小さいころいくら可愛がって育てても、思春期になったときにしっかりと指導できず、しかることのできない親のもとで育ってしまうと、徐々に子どもは感謝の心を持つことができなくなり、いずれ成功への道から外れていってしまいます。

子どもをいかに支えるか、いかにサポートするか。そこを間違えて、ただ子どもがやりやすいようにと考えたり、物質的に何かを与えればいいと考えたりしていると、肝心なとき、正しく導くことができなくなってしまいます。

## 健全な肉体は良質の食事から

食事はスポーツ選手に限らず、すべての人間にとって大切なもの。ところが最近は、「朝は何を食べましたか?」と聞くと、「菓子パンとコーヒー牛乳」と言う子どもがいます。

卵は食べないのかしら? 豆腐は?

答えはノー。つまり、タンパク質を摂っていないのです。

最近では朝食をきちっと食べさせるということを、どうやらしていないお母さんが多いようです。しかも、近い将来、世界を目指すような体操クラブのトップ選手の親の中にも、そういう人がいることに衝撃を覚えます。これでは体操競技に重要な体重を管理するということができないのも無理のないことです。

わたしは、親が一所懸命にこの子を育てようと思うならば、生活の中で食事こそがいちばん大切だと思うのです。

食は子どもの体を作り、動かすエネルギー源です。何かをがんばってやろうというとき、3食きちんと作ってあげる、お弁当を作ってあげるということがいかに重要か。

「菓子パンを買いなさい」と言って子どもにお金を渡すのではなく、しっかりお弁当を作ってあげること。そういうことをしてもらうことが、子どもが親に感謝する最大の要因だと思います。生活する中で、子どもががんばるために親もがんばらなければいけないのは、まずは食事面です。

スポーツ選手の中にも、朝は菓子パンとコーヒー牛乳という子がいるということを、最初に聞いたときは驚きました。しかもトップクラスの選手ですからなおさらです。

あまりにも問題がありそうなときは、親を呼んで食事の指導をしたことがあります。安心できる食材で、バランスのいい食事を摂らせてもらいたいという思いもありますが、親の手料理を食べさせることで、子どもに親の愛情を感じさせ、親への感謝の気持ちを持つ機会を作ってもらいたいという思いがいちばんです。

ですから、わたしのクラブでは、コンビニで買って食べなさいと言ってお金を渡すというのをやめてもらっています。やはり、お弁当を作ってもらいたい。サンドイッチでもおにぎりでもいいから、お母さんが作って、持たせてほしいとお願いしています。

確かに、働いているお母さんは大変だと思いますが、たとえ仕事を持っていても、手作りのお弁当を作って持たせることで、子どもに感謝してもらうことが大事です。母親の手作りということは、母親が自分の子どもが食べているものを把握しているということです。お金を渡すだけでは、子どもがコンビニの棚から何を選んで食べているのかもわかりません。

特に体操の場合は普通の子ども以上に食事面は大切です。体重を守らなければいけませんから嗜好品が多いのは問題です。サラダにかけるドレッシングも、マヨネーズではなく醤油味のドレッシングを使ったり、工夫しなければいけないことがたくさんあります。

3食のうち、どの食事にウエートを置くかということも大切です。普通の人は3食の中では夕食をいっぱい食べますが、体操選手の場合は夕食を少なめにする工夫が必要です。特に女子選手は16歳くらいで体重管理が難しい時期が来ますから、そういうときこそお母さんの工夫が大切です。

家にあるものを好きな時間に好きなだけ食べさせるというのもいけません。たとえ自分の家にある物でも、親に「食べていい?」と聞かせるようにしつけるべきです。中にはよその家に行っても、冷蔵庫を勝手に開けて何でも食べてしまう子どもがいると聞きますが、それは言語道断です。

**躾MEMO**

**1日3食(学校給食がある場合は2食)、親の手料理で子どもの体と親子の絆を育てましょう。**

# 疎かにしてはいけない食事のマナー

　最近の子どもは食事のマナーがなっていない、と感じることが多くなりました。箸の持ち方が間違っていたり、テーブルにひじをついて食べたり、座敷で片ひざを立てて食べたり……。

　そういう食べ方はいけませんと、昔からずっと言われてきたことです。家庭でのしつけの基礎ともいうべき食卓での行儀作法を、最近はしつけられていない子どもが多くなりました。

　音を立てて食べてはいけませんとか、大皿から直接食べるのではなく自分の小皿に取り分けてから食べなさいとか、口の中に食べ物を入れたまましゃべらないとか、かつて当たり前に注意されていたことができていません。レストランで周りの人の迷惑も考えず大きな声でしゃべっている子どももいます。

子どもたちの食事のマナーの悪さをどのようなところで見るのかというと、体操で遠征などに連れて行ったときです。宿舎で食事をすると、食べ物を高い位置に持ち上げて口の上から食べたり、箸を持ったままの手で醤油を持ったり、箸で皿を移動させたり……。見ていて、「ちょっと！」と言いたくなることはしょっちゅうです。

わたしたちは昔、母親から厳しくしつけられながら育ってきました。箸の持ち方一つにしても、少しでも間違っていたらしかられたものです。昔はいろいろなことを注意されたものですが、今はそれがなくなってきています。食事のマナーが教えられていないのです。

家族一緒に食事をするということが減ってきていることも原因なのでしょう。父親の帰りが遅い、子どもは塾がある、などの理由で家族がバラバラに各自で食事を摂る。だから子どもに注意する人がいない。母親が働いていれば、出来合いのものを電子レンジで温めて食べるという家庭が多いのでしょう。

子どもが一人で食事をすることは、マナーを学ぶ機会を失うことです。そのうえ、一人の食事は好きなものを好きなだけ食べるということにもなりがちですから、好き嫌いも増えるし、栄養も偏ります。

また、家族そろっての食事を勧めるのにはもう一つ理由があります。

塚原家では夕食の時間は夜9時ごろになってしまうのですが（体操の指導を終えるとそれくらいの時間になってしまうのです）、家族がそろって食事をすることを大事にしてきました。なぜなら食事の時間は会話の時間でもあるからです。その日の出来事や、感じたことなどを家族で話すのはとても大事なこと。子どもは食事をしているときはリラックスしているので、いろいろと話ができます。

食は行動の源。すべてのエネルギーの源。とても大切なものです。塚原家では、肉、野菜、魚をバランスよく摂るように心がけています。メインディッシュの中には野菜が必ず入っているようにしています。

そして、朝と夜は必ず味噌汁を作ります。スープのときもあります。それと、朝は必ず果物を出します。栄養の先生からはよく「朝の果物は金メダル」と言われていました。

食事に気を遣ってきたおかげで、直也はケガの少ない体になりました。一度、骨を診てもらったとき、普通の人は少し黄色いのですが、息子の直也の骨は白くて強いと言われました。母親として、これはとてもうれしいことでした。食べ物をしっかり食べていると、ケガの防止にもなりますし、やはりバランスよく食べることは子どもの体に大事なのだと思いました。

今は核家族が多いですが、母親（子どもにとってのおばあさん）と同居するのはしつけの部分で利点が多いといえます。特に食事のしつけは、おばあさんが一緒だと多くのことに目を配れます。

今は女の子でも片手で食べる子が多くなっています。お箸を持ったまま醤油差しを持つ子もいます。ペチャペチャ音を出して食べる子、小皿に取り分けずに大皿から直接食べる子。すべていけません。しつけがなっていません。

時間を守ることや、家庭学習をこつこつやらせること、わがままを許さないこと。そういうしつけがおばあさんにはできるのです。お母さんより少し厳しくやってくれるのも利点です。

実際は、どの家庭でも祖父母と一緒に住むのは難しい部分もあると思います。転勤がある家もあるでしょう。けれども可能だったら祖父母と一緒に住むのはいいことだと思います。

それと、子どもをしからなければならないとき、何か言わなければいけないとき、子どもは嫌だと思ったら自分の部屋に行ってしまいがちですが、我が家ではそれを許しませんでした。話の途中で中座させない、そういうしつけは絶対に必要です。

我が家はしつけに関しては本当に厳しくやっていました。こうしてはいけない。ああしてはいけない。直也にしてみれば、かなりうるさかったと思います。その子がどのようにしつけられたか、それが出るのはやはり食事です。お行儀も好き嫌いも食事に出てきます。わがままが全部見えてきます。ですから我が家では食事のときがいちばんうるさくしつけをしていました。

わたしが子どものころは、食事中に姉と一緒に笑っただけで父親から怒られていました。嫌いなおかずが出てきたとき、後回しにしていると、それもしかられました。ご飯を残してはいけませんとも言われていました。でも、後になってみれば、親にきちんとしつけられている子どもを見るのは気持ちのいいこと。自分もきちんとしつけられてよかったと思います。

食事に関するしつけは、子どもが成長してから必要なマナーを身につけることにつながります。中学や高校に進めば団体生活の中で食事をする場面も出てきますし、大人になれば会食はとても大切な場です。

たとえ優秀な人間に育っても、食事のマナーが悪いと恥をかくことになりますし、小さいころの親のしつけがよくなかったのだと思われます。また、マナーがあまりにひどい場合は、人格すら問われることもあるでしょう。それは同席している人を不愉快にさせてしまうからです。せっかく立派な大人に成長しても、食事のマナーが悪いだけで評価が下がってしまうものです。それは非常にもったいないことです。

食事のマナーは習慣ですから、大きくなってからでは直りません。子どものうちにしっかりとしつけておくことが肝心です。

マナーやお行儀の部分は金持ちかどうかとは無関係です。きちんとしつけられて、育ちのよい子は皆に可愛がられます。女の子の場合は脱いだ服をきちんと畳むということも重要です。たまにきちんと畳めない子どもがいるのですが、ああ、しつけられてこなかったのだなと思ってしまいます。

**躾MEMO**

**将来、我が子に恥をかかせないためにも食事のマナーは厳しくしつけましょう。**

# 目上の人を敬い、指導者の言葉を受け入れる

最近、気になっていることに、子どもがいろいろなことをごまかすようになっているというのがあります。嘘をつくというほどでないにしろ、ごまかすことをするのです。これは以前より確実に増えていると感じます。

たとえば何かがあったとき「自分の責任ではありません」と、人のせいにして、自分が悪いのではないと言い逃れをする。あるいは、自分に責任がかぶらないように一所懸命ごまかす。ときには嘘をつく子どももいます。

これは、親がごまかしたり嘘をついたりするのを見ているからなのではないでしょうか。親が適当にその場を取り繕うようなことを言う姿を見て、真似をするのです。

それと、昔の子どもは、ライバル同士でよくケンカをしていたのですが、今

の子どもはケンカをしません。それが悪いことではないのですが、どうも表面上だけいい格好をしているのではないかと感じることが多いのです。

なぜなら、ケンカはしないけど、決して仲がいいわけではないからです。自分は自分、人は人、わたしには関係ないわ、という気持ちが態度に表れています。

ごまかすといえば、こんなことがありました。全日本選手権で一ケタの順位に入り、ナショナル強化選手に選ばれるような選手なのですが、体重を量ると、その数値は間食しているとしか思えません。選手が間食を否定するので、親に状況を尋ねてみると「うちの子にはジュースもお金も持たせていません。間食はしていません」と言います。

そう言われても信じられないほど体重が重いので、もう一度聞いてみても、「いいえ、わたしの子どもは間食なんてしません」と言い張ります。ところがやはり体重に改善が見られない。

すると、合宿先で事実が判明しました。その選手の部屋のゴミ箱に菓子パンの袋が二つ入っていました。そして、食事中にはジュースを何杯も飲んでいるのです。

親が子どもを信じる気持ちはわかります。信じたいという思いもあるでしょう。けれども、現実は違うこともあるのです。まるで言いがかりをつけないでくださいとでも言いたげな口調で「間食させていませんから！」と言っても、残念ながら子どもが嘘をついている場合があるのです。

昔はこうではありませんでした。親を呼んで生活指導をすると、「先生からこういうふうに言われたわよ。食事は十分に気をつけなさい」と、母親が子どもをしかることができていました。ところが今の傾向は「わたしの子どもがそんなことをするはずはありません」と言い張るばかり。

子どもをかばいたい気持ちはわかりますが、むやみに信じているだけではいけません。まるで自分の間違いを注意されたかのように、指導者の言葉に過剰に反応してしまうのは、逆にいえば、子どもの本当の姿を見ようとしていないということでもあります。母親はしっかりと我が子を観察するべき。そうしないと間違った方向に進んでいきそうになったときに、修正してあげることもできません。

わたしたちが子どものころは、親から「先生の言うことを聞きなさい」としつけられていましたし、「あなたがしかられるのは、先生の言うことを聞かないからよ」と言われたものです。

昔の親には教師や指導者を敬う気持ちがあったのです。人から何かを教わるのですから、それは当然の感覚だと思います。

わたしは40年もの間、体操の指導をしてきました。指導者として6回のオリンピックを経験し、オリンピック選手も直也のほかに23人育てています。世界選手権の代表選手を含めると、50人以上の選手を世界に送り出しています。技の指導に関して的確な教え方ができるからこそ、こうやって大勢のオリンピック選手が誕生しているのです。

日本体操協会では強化本部長という強化のトップの立場で、何度もオリンピックチームを率いています。それでも選手から、わたしの指導を拒まれることがあります。指導の中で、あの技は嫌だ、この技はやりたくないと言われることが少なくないのです。今までの経験を基に、その選手に最適の演技構成を指導しているのですから、まずは聞き入れてもらわないと先に進めないのですが自分の気持ちを主張します。たとえ自分が好きでやっている体操でも、指導者の言葉をしっかり聞くこともできずにレベルアップすることはできないのです。先生にしろ、親にしろ、おじいちゃん、おばあちゃんにしろ、「こういうことをしちゃダメですよ」と言ってくれる人が、どれほどありがたい存在かを理解する必要があると思います。だから母親は、目上の人の話を聞ける子どもに育ててあげなければいけないのだと思います。

わたしは体操の指導をする際に「これはあなたのために言ってるのですよ。聞くも聞かないもあなたしだいだけど、このままではあなたはこうなりますよ」と言うことがあります。それでも聞かない親や子どもであれば、それ以上は指導できなくなってしまいます。

## 強くなるほど求められる高い人間性

実は最近、ひどく驚いたことがあります。その選手の親は最高学府を卒業した高学歴の持ち主だったのですが、その子がある日、体育館にやってきて放った言葉は、「てめえ、退部届けを受け取れ」でした。これには本当に驚きました。指導者に向かって女性が「てめえ」ですから……。

その選手の親とは、指導方法や環境について何度か話し合いを持ったのですが、基本的な考え方として「自分の子が挫折するはずがない」という思いを持っていました。それによって、選手が壁にぶつかったとき「悪いのは自分の子どもではない。指導者だ」という考え方になり、何度も文句を言ってきました。

「そうまで言うのでしたら、練習を見に来てください。実際の状況を見てください」と言ったのですが、らちが明きません。結局、一方的にクラブを飛び出して「退部届を受け取れ」ということになりました。

それにしても「てめえ」とはどこで教わった言葉なのでしょう。女の子が普通使う言葉ではありません。親がきちっとしつけていないのだなと思いました。これでは体操がいくら強くても、体操をやめて世の中に出たときに通用しません。

以前、直也のコーチをしてくださっていたニコライ・アンドリアノフさん（旧ソ連の名選手で、ミュンヘン、モントリオール、モスクワオリンピックで7つの金メダルを獲っている名選手。通算15個のメダル獲得は男子の歴代2位）がよく言っていたことを思い出します。

「ジムナスト・アンド・ジェントルマン」という言葉です。アンドリアノフさんは直也に「体操選手は、同時に紳士でなければいけない」と諭しながら、「服装もしっかりしろ」とよく言っていました。

アンドリアノフさんは「体操をやめて一般社会に出たとき、紳士であれ、淑女であれ」ということを教えていたのです。強いから何でもやっていいとか、勝手にやっていいとか、社会に対して非常識なことをするとか、そういうことは許されないということです。

強ければ強いほど人間性が大切で、尊敬されるような人にならなければいけないということです。それは引退後のためだけではありません。たとえトップの選手でも、いやトップ選手だからこそ競技を続ける以上、壁にぶつかるし、スランプにも陥るし、挫折も経験するのです。そんなとき、自分を見失わないためにはスポーツマンとしての人間性が必要なのです。

それにはやはり、母親のしつけが重要になってきますし、もちろん、指導者も常識的な礼儀や考え方を身につけて指導しなければいけないのです。

よい選手を育てるためには、指導者の教えが半分、残り半分は家庭に委ねられます。母親が家庭でいろいろなことを教え、しつけなければいけません。

わたしはがんばる子どもを見るのが好きです。反対にいちばん嫌なのは、才能があるのに横着してやっている子どもです。がんばっている子どもが、素直に練習をしている姿を見るのがいちばん心地よいのです。

体操クラブで指導を始めて40年近く。わたしたちのクラブは英才教育だと思われることが多いのですが、体操が好きだから、トップを目指すわけではなくてもここで体操を続けているという子どもが大勢います。どうしても世界に出る選手ばかり目立ってしまいますが、わたしが好きなのは、レベルに関係なくここでがんばっている子どもたちがいっぱいいること。その子どもたちを見ること。それが大好きなのです。

小さい子は3歳から、約40年間の累計で1万人くらいの子どもたちがここで育ったのです。小さい子どもでもしっかり挨拶をして練習に入ります。そういう子どもたちを見ることが、わたしのエネルギーにもなっています。

# 家庭ではぐくみにくくなった日本人の優しさ

人間の評価で大事なことがあります。それは人に対する優しさであり、思いやりです。どんなに偉くなっても、どんなに地位が上がっても、どんなに強い選手になっても、やはりそれがいちばん必要なことなのではないでしょうか。

昔、物質的に豊かでなかった時代は、家族間に感謝や思いやりがありました。互いを思いやることができなければ、共同生活は成り立ちませんでした。ところが今は生活が豊かになったことで、家族それぞれが自分の思うように生活するようになっています。核家族がさらに分化され、個々家族とでもいうべき家族の形になっています。家族同士で密度の高い信頼関係を築いていくことが難しくなっているように思います。

しかし、それでも優しさは人間として絶対に必要なこと。どんな地位にあっても、どんな強い選手でも、それがその人の人間としての評価につながるとわたしは思います。

優しさというのは、他人に対する思いやりです。この人が何を思ってるか、この人が何を悩んでいるか。相手の気持ちに気づかないと、人に優しくできません。

ですからわたしは、体操クラブのコーチたちにこう言います。

「選手たちが何について悩んでいるのか、何を考えているのか、そういうことに気づかないでいては優しくできません」

相手のことを思いやって、気持ちを察するということがいちばん大切なのです。

クラブでも、大会に出場した選手全員が上位に入れるということではないですし、まして最上位になるのは一人しかいません。けれども、優しさや思いやり、感謝の気持ちなら誰でも1番になれます。

わたしは選手に対していろいろなことをしてあげたいと思っています。その中で、優しい気持ち、感謝の気持ち、そういうことも学ばせなければいけないと思っています。表面的には口下手なところもあるので、言葉でそういうことを表すことがそれほど得意ではないのですが、常に相手に対する優しさを持っていなければいけないと、いつも思って生きています。

大会では、自分が負けても勝者を讃えられる優しさ、たとえ優勝しても敗者の気持ちを気遣える優しさを持つように指導しています。こういうことが優しい人間を育てていきます。

そしてもう一つ、重要なのは母親が元気であること。子どもを注意するのにはパワーが必要ですから、おのずとエネルギーも必要になってきます。自分に元気がないとしかることもできません。ヒステリックになるという、最悪な状況を招いてしまうことにもつながります。指導者と母親は元気でないと務まらないのです。

人間にとって大切な優しさ。その心を持てる人になるためには、相手がなぜ困っているか、相手がどういう考えを持っているかを気づかないといけません。

おおよそ人間関係というものは、お互いに嫌なことをせず、お互いに気分よく過ごせるようにすること。それが基本です。

たとえばコーチでも、選手がどのように思っているのかを気づかないと優しくできません。小さなことでも気づいてあげることで、いろいろなことをやってあげられるようになるのです。これは人間関係の基本でもあるのです。

そういう優しさがあれば、人と争ったり、家族でもめたり、そういうことがなくなってくるはずです。

わたしが最も嫌いなのは、その競技で強くなったからといって傲慢《ごうまん》になったり、自分がメダルを獲ったから自分がいちばん正しいという考えを持ってしまうことです。

息子の直也も2004年のアテネオリンピックで金メダルを獲りました。でも、いくら金メダルを獲っても、普通の人間でありなさい、尊敬されるような人格を持った人間に育っていかなければいけないと言ってきました。

往々にして人は自分が成功すると、自分のやり方が正しいのだと言って傲慢になりがちです。ですからわたしは、体操を教えながらその点には大いに注意を払っています。

体操は人生の一部に過ぎません。体操をやめた後、嫌われ者になったり、傲慢だったり、自分のやり方は正しいといつも突っ張っていたり、そういうことをして、組織や社会の中で生きられないようになってはいけません。可愛がられない人間になったらダメ。そう教えています。競技で上に行く選手はどうしても我が強くなって、わがままになりがちです。ですから、そこだけは外さないように指導しています。これも大切なしつけです。

## 我慢ができなくなった子どもたち

現代は、自分一人で生きていると思っている人が多いのではないでしょうか。社会的には家族というくくりで生きていても、実際は家庭の中でそれぞれがそれぞれの生き方をしていることが多くなっています。だから、互いに気づき合うことが減っているのでしょう。これは考え方が欧米流になってきていることの表れなのかもしれません。

自分のやるべきことに邁進するのは悪いことではありませんが、自分だけよければそれでいいとか、人に迷惑をかけても平気で自分のことだけをやっているとか、そういう子どもが目立つようになっているのです。言い方を変えれば、人に迷惑をかけることを気にしない子どもが増えているのです。

最近とても気になるのは、集団の中で自分だけ一人で泣いたりわめいたりする選手がいるということです。以前にはあり得なかったことです。

ヒステリックな子どもは明らかに増えています。ちょっと気に入らないことがあっただけでギャアギャアと叫んだりするのです。すぐ泣く、不満を顔に出す、すぐ切れるという子どもが増えています。泣くことを恥ずかしいと思っていないことも問題です。

以前は「我慢しなさい」とか「そういうことは他の人に迷惑をかけるでしょう」と言ってしかれば効果があったのですが、最近は言っても聞きません。

最近の子どもは本当に我慢ができなくなっています。そして、我慢ができないものだから、我慢してまで何かしなくていいのだという考えになってしまっています。ゆとり教育の弊害か、「我慢してまでやる必要はない」と考えている親も多いようですが、それは間違いです。

人間は何か目標を持ってやろうとするとき、一歩でも前へ進もうと思うときは、肉体的にも精神的にも必ず苦痛が伴うものです。やはり、人よりがんばらないと上に行けません。

それは勉強でもスポーツでも全部同じ。どんな目標であろうと、上に行くには努力しなければいけない。オリンピックで金メダルを獲るような選手は豊かな才能があるのはもちろんのこと、誰もが人一倍の努力をしてきています。がんばる力が弱く、きついことはしたくないという考えを持っていたとしたら、なかなか頂点を目指すことができません。これは明白なことです。

とにかく言えるのは我慢が足りなくなってきているということです。わたしたちの時代は「泣いてもいいのは親が死んだとき」と教わりましたし、「涙を見せることは恥ずかしいことだ」と言われたものです。

ところが今の子どもはどうやら逆です。泣くことで自己主張しようとします。嫌なことを言われたり、ちょっとしかられたりするだけですぐ泣くという傾向があります。しかられ慣れていないから、厳しい言葉を投げかけると泣いてしまう。努力している過程でつらさに負けて泣くということは、以前は恥ずかしいこととされていました。

ところが今の子どもは恥ずかしげもなく泣きます。そして、すぐケロッとしているのだから不思議です。あの涙は何だったのかと思ってしまいます。

おそらく家庭でもそうやって泣いているのではないでしょうか。親に少しでもしかられたら泣くのでしょう。泣けば親はびくびくしてそれ以上しからなくなる。すると子どもは味をしめてもっとわがままが出てきます。

すぐにケロッとしているのは、気持ちの切り替えが早いともいえるでしょうから、一概に悪い面ばかりではないのかもしれません。けれども、簡単にヒステリックになる、切れてしまう子どもが増えているのは憂慮すべきだと思っています。

体操クラブでは、選手同士が競争心を表面に出さないように教育しています。日本の女子体操のトップ選手が何人もいる環境ですから、ライバル心を露骨に出すことはクラブ内全体に悪影響を及ぼしてしまいます。ですから、この点に関しては注意深く見ています。

気に入らないこと、うまくいかないことがあったりして、年下の子に意地悪をしたり、嫌なことを言ったり、そういうことは御法度《ごはっと》です。クラブ内でそういうことは許しません。

特に、女子の場合は何かと嫉妬《しっと》しがちですし、コーチと他の選手の関係に対して非常に敏感になります。女の子は自分が可愛がられたいという気持ちが強いのです。

ですから、「年下の子に対して優しくしなさい」「先輩としてきちっと教えてあげなさい」という指導をします。体育会にありがちな、上が下に命令するとか、下は上に絶対服従するとか、そういう関係はここにはありません。体育館の中に上下関係はありませんが、目上の人に敬意を持って接するよう指導をしています。

掃除も全員で一緒にしていますから、ぱっと見ただけでは誰が年上で誰が年下かがわからないと思います。自分が使用した体育館や器具に対して感謝の気持ちを持ちましょうと、全員で掃除をやるようにしているのです。

# 自分で決められない子どもたち

最近の傾向として、自分で考えて決めることができない子どもが多くなっていることを感じています。今の子は、「これだけやりなさい」と言われたことはすごく真面目にやるのですが、言われたことを超えて、さらに自主的に何かをやるということができないのです。

それは考える力、想像力が不足しているということです。子どもたちだけではありません。体操クラブの若い指導員たちにもいえます。とにかく、言われたことは真面目にやるけれども、応用をするとか新しいやり方を考えるとか、そういうことが不得意になってきているのです。

「ここを片付けなさい」と言うとやるのですが、言われたことだけやったら「はい、おしまい」。言われた箇所以外のところにも目を向けて「あそこも汚れているから拭いておこう」などということができないのです。

言われたこと以外を気づかないというのは、応用がきかないということです。たとえば挨拶にしても、「この人に挨拶しなさい」と言ったらするのですが、それ以外の人にはしていなかったり、とにかく応用力が足りないのです。

わたしたちが学生のころは、練習のとき先生からやりなさいと指示されたメニュー以外に、もう一つくらい余計に何かをやってみようという気持ちがありました。自主的にいろいろな練習をしていたのです。そういうふうに何か新しいことをやろう、新しいものを考えてみようという創造性や自主性が、今の子どもには欠けています。

なぜなのでしょうか。考えてみて思い浮かんだのは、生活にゆとりがないのではないかということでした。ゆとり教育はあっても、本当の意味のゆとりがないのです。

それは、現代の生活が合理化しすぎていることも影響しているのかもしれません。演技構成でも常に合理的に得点を稼ごうとするため、自分独自の新しい技、オリジナル技も生まれてきません。

好きだからじっくりやる、という余裕がないため、与えられたこと以外に思いを巡らせて創意工夫をすることができないのです。そして、そういう子どもは見ていて何かと物足りない。いい子なのだけど物足りないのです。言われたことをやる真面目さは結構あるのですが、考えて技をやるというようなことがありません。たとえば、決められた練習以外に外を走ったり、自分の弱いところを補う練習をやったりすることがないのです。

優れた子というのは、自分で創造性を働かせて新しいものに取り組むことのできる子です。トップグループに入ってくる優秀な人は、そういうことができます。

自分で考えることができないというのは、体操や習い事だけではありません。食事に行ってても頼むメニューすら自分で決めることができない。食べ物一つ、飲み物一つ決めるのにも、決められないことが多く、必ず隣の人に「何を食べるの?」と聞くのです。

周りの様子をうかがう子どもは以前より確実に増えています。自分の意思が弱いのです。レストランで頼むメニューは自分が食べたいものでしょう。よそを見て決めようとする子には、こう言います。「あら、自分が食べたいもの食べなさいよ」と。それでも自分では決められず、周りに合わせようとする子がいっぱいいいます。

皆と一緒になりたい、突出するのを避けたいと思うからなのでしょう。これは、自分で考える応用力の欠如とつながっています。

たとえば以前は、体が硬ければ体育館に早く来て柔軟をやるなど、自分が弱いところを練習前にやろうとする子どもがいました。少し体重が増えたら練習前や練習後に走っていた子どももいました。けれども今は与えられたプログラムをこなすだけになっています。自分のために、自分で考えることができない子どもになっているのです。

トップを目指すためには何が必要なのかを考え、人より多く練習をしようという考えが持てなくなっています。決められたプログラムは70％くらいのものであり、トップを目指すにはそれ以外のところで工夫や努力が必要なのにです。女子選手だけではありません。男子もそうです。昔は人と同じ技、同じ格好、同じことはやらないというプライドがありました。そこからオリジナルの新しい技が生まれ、それが体操ニッポンに多くの金メダルをもたらしてきました。けれども、今は髪型一つとっても全員が同じです。突出することを避けたいと思っているがために、皆と合わせることに気を遣いすぎているのなら大きな間違い。金メダルを獲るには、誰より突出しなければいけないのですから。

**躾MEMO**

**自分で考え、自分で決めさせる、それが誇り高いプライドを育てる第一歩です。**

## 優しさを失いかけている子どもたち

最近の子どもは、自分のことに関してはしっかりしているのに、人のことまで気づいて何かしてあげようとか、そういう気持ちが弱いと感じます。自分のこと、与えられたことはきちんとするのに、人が困っているときに気づいて何かをやってあげるというようなことがなくなっています。

自分自身の仕事だけやっておしまい、という人が多く、手伝ってあげようとか、気づいて優しくしてあげようとか、そういうのがうんと少ないのです。

人に意地悪をするということはないのですが、逆に、何かに気づいて優しくするということがありません。人のことについて、気づいてあげられないのです。この点に関しては選手と若い指導者の共通項です。

皆、いい子であり、いい指導者なのです。自分に与えられたことはきちんとするのです。けれども、気づかない。だから優しくできない。個々を見ると決して悪い子どもではないけど、人に対して優しくできないのです。

集団の中に入れれば、困っている子もいるし、ケガをして何かをやりづらそうにしている子どももいますが、手助けができないのです。日ごろ、人と関係なく生活しているからなのでしょうか。他人への関心が薄らいでいることを感じます。

特にテレビばかり見ていたり、ゲームばかりしている子は人への関心が弱くなりますから、人はこうすると迷惑なのだとか、こうしたら困るのだという気づきが全然ない。自分の世界だけ。自分の仕事だけ。自分のやることだけ。だからいい子なのだけど、人間としては物足りないのです。

若い指導者には「気づきが悪かったら選手の気持ちも何もわからない。だから、気づきなさい」とよく言うのですが、本当に鈍感になっています。これはある意味怖いことです。たとえば誰かがケガをしても、「だいじょうぶ⁉」と言って皆が近寄っていくようなことがないのです。

人に対して気づけない子どもは、いい子でも物足りない。人に無関心な子どもは優しさが足りない。しかも、余計なことをしたら面倒になるからあえて気づかないふりをしているのかと思いきや、そういうわけでもなく、どうやら単純に気づかない様子なのです。

ですから、体操教室で靴がバラバラに置かれていても、昔はそれをきれいに並べたりするような子が多かったのですが、今の子どもは自分の靴だけ置いてサァッと行ってしまいます。自分の靴だけきちんとしていればいいと思っているのです。

マンションでもどこでも、昔は引っ越していけばご近所さんにタオルなどを持って挨拶に行ったものですが、今ではそういう訪問客もほとんどいなくなりました。ですから、隣の人の顔も知らない。これでは何かが起きても、助けられません。

不思議なものです。東日本大震災があって、多くの若者が志願して東北地方にボランティアに行っていました。つまり、そういう気持ちがないわけではないのですが、きっかけがないと何も行動を起こせないのです。日常の中で普通にできればいいことを、日常ではできずにいるのです。

わたしは、今の子どものそういう性質を、感性が衰えているのではないかというようにみています。感じる心がない。だから、先読みができない。相手が困っている、悲しんでいるときに気づいてあげられないのです。

指示をされないと動かないという傾向もあります。指導者から言われたことはきっちりやれるのに、自分からは何もできないのです。

言われたことができるならいいじゃない、と思う方もいるかもしれませんが、自主性がなければ強い選手になれないし、指導者や審判員の気持ちが先読みできなければいい演技もできません。そればかりか、人に無関心なようでは、ライバルの研究もできないし、チーム内で孤立してしまうでしょう。

これも正しいしつけがなされていない弊害の一つだと思います。人に親切にしてもらったら「ありがとう」と感謝する気持ちを忘れないようにしつけ、人に親切にしてあげたときは「優しいね」とほめてあげ、人に意地悪をしてしまったときは「同じことをあなたがされたら、どんな気持ちですか」としかってあげる。そういうしつけの中で、子どもの感性や社会性が育てられていくのだと思います。

**躾MEMO**

親、兄弟、お友達など、自分以外の人の気持ちを考え、思いやる習慣をつけさせましょう。テレビやゲームではなく、人間同士の関わりの中で子どもの感性や社会性が育ちます。

# 子どもの顔色をうかがわない

体操クラブでは、選手の体重管理に気をつけています。体操は常にケガと背中合わせ。少しでも体重が増えると着地の際の衝撃もそれだけ増え、大きなケガにつながりかねません。

「段違い平行棒のバーを握り切れずに、落下してしまいました」「着地で足首を痛めました」「何度もやっているうちに腰が痛くなってしまいました」ということになっていくのです。

ですから毎日の練習の前後に必ず体重を量ってチェックし、増えている選手に対しては体重管理の重要性を説いて指導します。

年ごろの女の子は甘いお菓子やジュースが大好き。それはよくわかりますが、そこで節制できなければトップに立つことはできません。

とはいえ、食事をするのは各家庭です。いくら体育館で言って聞かせても、家で大食いしているようでは、体重は減りません。何度指導しても効果が出ないときは、最終的に家に電話をして状況を説明し、「気をつけてください」と自己管理の徹底をうながします。カロリーの計算書を渡して食事の指導をすることもあります。

こういうとき、以前なら母親が「はい、わかりました」「家でも気をつけます」と言うのが普通だったのですが、このところは反応が変わってきています。「注意すると子どもが嫌がるので」と言って、家では何も言えないという母親が増えているのです。

確かに子どもが嫌そうな顔をするのを見るのは、気分のいいことではありません。食べたいものも食べられないのはかわいそうだわ、と思うこともあるでしょう。

けれども体操で上に行くことを目指しているなら、体重管理は避けて通れないことです。目指しているものがあるなら、そのために必要なこともせずに目標に到達しようというのはおこがましいことです。

先生から言われたからといって、子どもにガミガミ怒ってくださいというわけではありません。子どもが目標に向かって進んでいこうとしているとき、くじけそうになった子どもを励ますのが母親の役目だということなのです。そのためには、ときに多少は心を鬼にすることも必要です。

「子どもが嫌がるから注意できない」というような家庭の子どもが、自分の意志だけで体重管理を完璧に行うということなど決してありません。

そうやって太ってしまい、成績の落ちた子どもが何人もいました。皆、全日本クラスの選手ばかりです。いかに食事をしっかり考えて食べることが難しいか。考えて食べることのできる選手は超一流ということなのでしょう。

わたしたち指導者が注意するのは、常に競技者としての子どものためを思っての行動です。愛情なのです。

母親も、競技者としての子どもの成功を応援するなら「こうするとダメですよ」「成績も落ちますよ」「だからがんばろうね」と言うべき立場であるのに、そういうことから逃げている人が多いのです。

　今の子どもたちが、きつく言うとしょげてしまうようになってしまったのは事実です。これはここ10年で明らかに変わったことです。ストレスに立ち向かう力がないのです。ですから、ストレスに弱い子どもに対し、母親が顔色をうかがいがちなのもある程度は理解できます。

　けれども、だからといってそのままにしていてはいけません。厳しいことを、自分一人の意志だけで１００％やっていくことは、子どもには無理です。どうしても2割、３割の部分は逃げてしまいます。だからこそ、その2、３割のところで叱咤激励し、背中を押してあげることが必要なのです。

　たとえば、体重管理にしても、育ち盛りの子どもにとって、食べたいものを我慢するのは大変なことです。だからこそ母親の愛情と協力が必要なのです。献立を工夫したり、低カロリーのデザートを研究するなど、一緒にがんばってあげることが重要です。

　自分だけで１００％努力できる子どもだったら、苦労せず自動的に一流になっています。一流の一歩手前の子どもを一流にしていくために、親や指導者の後押しが必要なのです。

「アメとムチ」という言葉があります。これは、「励ましと厳しい指導」の意味ととらえることができます。子どもを育てていく際は、「アメとムチ」を与えるタイミングやその比率が非常に重要なのですが、最近は以前と比べると比率を変えなければいけない傾向になってきています。「アメ」は昔より多く、「ムチ」は減らすようになっているのです。厳しいことを言うと、子どもが耐えられずにやる気をなくしてしまうからです。親も指導者も時代の変化に対応していかなければいけないということです。

# 第2章 子育て

## 失敗しない子育ての必勝プラン

## 親の願いを受け止められる子どもに育てる

親は子どもがしっかりと成長し、いつか成功してほしいと願っているものです。生まれたときから、あるいは子どもの人格が徐々に形成されつつある時期から、将来はこういう子どもに育ってほしいという思い入れを持っています。そして、その思いを受け止めてがんばる子どもに育てたいと思うのです。そのためには子どもだけではダメ。親の支えが必要になってきます。

我が家には一人息子の塚原直也がいます。2004年アテネオリンピックの男子団体総合で金メダルを獲り、今もなお体操の道を追求し、現役選手としてがんばっています。

直也が本格的に体操を始めたのは1988年でした。小学校5年のとき、ソウルオリンピックがあった年で、夫の塚原光男が日本女子体操チームのコーチ、わたしは女子のチームリーダーとしてソウルに行っていました。

そして直也はわたしの母親、つまり祖母と一緒に観客としてオリンピックを見に行ったのです。

ソウルオリンピックの体操会場はかなり小さく、幸運なことに直也の席は選手が目の前にいるような近さでした。

当時、直也は西川大輔さんの大ファンでした。西川さんは清風高校3年生、18歳という若さでソウルオリンピックの日本代表選手として出場していたのですが、その美しい演技には定評がありました。

ソウルの会場で直也が練習を見ていると、西川さんが優しく声をかけてくれたそうです。直也はそれですっかり幸せな気持ちになったようです。

ここ数年もずっとそうなのですが、当時、圧倒的に強かったのが中国男子チームでした。ソウルオリンピックには、1984年のロサンゼルスオリンピックで金メダルを獲得した李寧《りねい》選手をはじめとするスター選手が大勢出ていました。

まだ本格的に体操をやっていたわけではなかったのですが、直也は生まれたころから朝日生命久我山体育館のすぐそばで育ちましたし、他の習い事と同時に体操もやっていました。

ですから、体操選手はまさにあこがれ。ソウルオリンピックで李寧選手が披露した演技の素晴らしさに感動し、それがきっかけで本格的に体操をやろうと決意したのです。特に李寧選手のゆか運動の演技を見たときの直也は本当に興奮していました。

数日間のオリンピック観戦の後に帰国した直也はわたしたちに言いました。

「僕は絶対に体操選手になりたい」

そこでわたしたちがやったのは、まず、直也とじっくり話し合うことでした。夢と目標には違いがあります。夢は、実際にかなえばいいなというもの。それに対して目標は努力して実現しようとするターゲットです。

直也が言った「体操選手になりたい」というのはどの程度の目標なのか。漠然とした夢なのか。まずはそこを確認することから始めました。

子どもの目標の大きさによって親としてどのような支え方をすべきかが変わってくるからです。これはスポーツでも勉強でも芸術でも同じです。子どもが高いところを本気で目指そうとしていくなら、親も親としての覚悟を決めなければなりません。

わたしは夫の塚原光男と一緒に、直也との話し合いを始めました。

「体操選手になりたいと言っているけれど、どんな選手になりたいの？」

「オリンピックに出場して、金メダルを獲るまでやるんだ」

つまり、直也は小学5年生で本格的に体操を始めたそのときから世界の頂点を目指そうという志を持っていました。これには驚きました。そこまで気持ちを固め、ハッキリと宣言したからです。

とはいえ、体操でトップを目指そうとするなら、生半可なことではとうていたどり着かないことをわたしたちは知っていました。

わたしたち夫婦は二人ともオリンピックに出ていますし、夫はメキシコオリンピック、ミュンヘンオリンピック、モントリオールオリンピックで金メダルを5個獲得しています。そこにたどり着くまでに、どれほど厳しい練習を積んできたか。いちばんよくわかっているのです。

**躾MEMO**

スポーツでトップ選手を目指すなら、競技や性別によって差はあっても10歳前後で大きな決断をする必要があります。子どもの意志を確認し、親は気持ちを固めるために、家族で真剣に話し合いをしてください。

## 親子で約束する

「オリンピックを目指す」「金メダルを獲るまでやる」と言い出した直也に対して、夫は「体操は厳しいぞ。簡単にいくことではないぞ。それでもやりたいのか?」と尋ねました。

するとと直也は「それでもやりたい」と言います。今度はわたしが尋ねました。

「手にマメができて痛いし、肩も痛くなるわよ。途中でやっぱりやめたということもできないわよ。それでもやりたいの?」

念を押すと直也は「でもやりたいんだ」と言いました。

目標を定め、途中でくじけないことを親子で確認し合い、目標に向かって親子で努力を重ねていく。言うは易し、行うは難し、であるこのことを必ず実現させよう。わたしたちは直也と約束しました。

そしてその次に行ったのは、オリンピック選手に育てるには何が必要かをピックアップし、環境を整えていくことでした。

練習環境はどうすべきか。コーチをどうすべきか。食事、送り迎え、そしてもちろん学校や勉強についても考えなければなりません。

高い目標を持って厳しい道を歩もうという意志を固めた子どもに対して、親がやってあげられるのは環境を考えてやることです。中でもいちばん大事なのが施設と高いレベルの指導者。それらを考え、できる限り整えてあげるのが親の務めだと思います。

わたしたちはそこでもう一度、直也に確認しました。必要なことを一つ一つ挙げて説明し、こう問いかけました。

「オリンピックを目指すからには、これだけのことをやる必要があるし、いろいろなことを整えるには多くの労力がかかります。あなたがやりたいと言うなら、わたしたちは必要と思うことはとことんやりますよ。だから、一度スタートした後にやめるわけにはいきません。あなたは意志を曲げないで体操選手を続けていきますか？　どんなにつらいことがあっても途中で投げ出さずにやりますか？」

このときに言い聞かせたもう一つのことがあります。大きな目標に向かって努力を重ねても、すべてが成功するとは限らないということです。ですからわたしは言いました。

「うまくいってもいかなくても、途中で投げ出してはいけませんよ」

物事に本気で取り組もうというときは、ある程度の約束を親子で交わしてからスタートしなければうまくいきません。特に、高いレベルを目指す場合はなおさらです。そして、スタートするタイミングも重要です。あまり小さいうちから一つのことに絞りすぎるのはリスクを伴います。

我が家では直也が小学校5年生くらいまでは、サッカーをやらせたりゴルフ場へ連れて行ったり、いろいろなことをさせていました。小さいころに多くのことに触れさせて育てれば、子どもは小学校5、6年生ごろに自然と自分でやりたいものを見つけていきます。自分で決めるというタイミングが小学校高学年で訪れるのです。

そのとき、親はしっかり約束をすることが重要です。つらくても決して途中で投げ出さず、しっかりやるという意識を持たせることが大事なのです。そして、親も一緒にがんばっている姿を子どもに見せることが、子どものがんばりをより一層引き出します。

直也は、5年生で本格的に体操を初めた1年後、6年生の卒業作文に「将来、オリンピックの表彰台でメダルをもらうことを想像するとウキウキする」と書いていました。子どもの意志の強さが、金メダルという大きな目標を達成させたのです。

**躾MEMO**
**がんばるのは子ども、がんばらせるのが母親です。親として全力で応援するからには、スタート地点で子どもの決意を宣言させ、責任感を持たせることも大切です。**

# 継続は力なり

子ども自身に目指す道を選択させ、親子で約束を交わしてスタートしていくのが重要なのは、スポーツでも勉強でも同じです。

たとえば子どもが東大へ行きたいと言うとします。すると親は、塾を探すだけではなく、学校から塾へどうやって行くか、塾から家へ帰るとき、どうやって帰るか、送り迎えをする必要があるか、食事はどの時間にどうやって摂らせるのがベストなのか、ありとあらゆることに思いを巡らせ、時間や環境を設定していくでしょう。

それに、当然ですが、東大を目指すにあたって必要な費用だって親が全部払うわけです。ですから親も相当の覚悟が必要なのです。だから、あなたも投げ出さずにがんばりましょうね、という約束をしてからスタートする必要があります。

我が家でも直也が「体操でオリンピックの金メダルを目指す」と言った端から、生活ががらりと変わりました。

ただ、親としてはやはり、自分の子どもがつらそうにやっている姿はできれば見たくないものです。自分自身もつらいような気持ちになってしまうからです。

とはいえ、少しぐらいつらそうにしているからといって、安易に「嫌ならやめなさい」と言うのはいかがなものでしょう。実はわたしは、最近の親たちが、つらいならやめてもいい、という傾向に流れがちであることを感じて憂慮しています。

こういうときに生きてくるのが、目標を定めてスタートしたときの親子の約束です。しっかり話し合って取り組み始めたことであれば、途中で投げ出すのはマイナスであるということに気づくでしょうし、一方で、しっかりと環境を整えてスタートしたのに中途半端にやめてしまうのは、それだけ無駄にするものが多いということにつながります。

冷静に考えてみましょう。目標が高ければ高いほど、うまくいかないことが多くなっていくのが当たり前です。高いハードルは簡単に越えられるものではないのです。それに、少しうまくいかないからといって投げ出していては、たとえ別のことをやってもうまくいきません。

「自分がやると言ったことを、多少のことで投げ出してはいけません。約束したことは守りなさい。まだそこまで行っていないでしょう」

こうやって子どもを導いていくことが大事です。

わたしも直也にきつく言ったことがあります。

「簡単に投げ出したらダメでしょう」「つらいと言うのは、やった後にしなさい」

そうやって諭す理由の一つに、何事も継続は力なりなのだ、という考えがあります。たとえすべてがうまくいかなかったとしても、続けていくことで得られることも多いのです。

きついから嫌だ、人間関係が嫌だ、先生が嫌いだから嫌だと、何か嫌なことがあればそれをやめるきっかけに結びつける。子どもは往々にしてそういう気持ちになってしまいます。

そこで親が同調し、「嫌ならやめましょう」とあっさり認めるとどうなるか。次に嫌なことがあったとき、また同じことを繰り返してしまうのではないでしょうか。嫌なことがあったらもうがんばらない、というまま育っていってしまいます。

**躾MEMO**

嫌ならやめればいい、という安易な考えは子どもの人生を不幸にします。自分でやると決めたことを継続させてこそ力になるのです。

## 環境を整える

親子ではっきりと意思の疎通ができるようになるのは小学校高学年です。ですから、目標を定めるのに最適なタイミングは小学校5、6年くらいです。

長崎県の教師の家庭に生まれたわたしは、幼いころから多くの習い事をしていました。4人姉妹にそれぞれ複数の習い事をさせてくれたのですから、両親は相当がんばってくれたのだと思います。

わたしが幼少のころに習っていたのは、バレエ、習字、水泳（日本泳法）です。水泳は長崎遊泳協会の黒帯までいきました。立ち泳ぎの小堀流です。合唱団に入って歌の練習もしていました。

そのうち、わたしが小学校高学年になって最初に決めた目標は、宝塚音楽学校に入ることでした。ところが、高校2年生になるときに受験要項を調べてみると、残念なことに身長が足りなくて受験することができないではないですか。

そのときに、今までやってきたことを生かせるものは何かと考えて進んだのが体操競技でした。もともと踊りやバレエをやっていたわたしは、日体大に進み、体操のゆか運動で全日本チャンピオンになりました。そして大学3年のときにメキシコオリンピックにも出場したのです。

本当に、小学校の低学年まではいろいろなことを習わせようと考えてくれた親には感謝の気持ちでいっぱいです。芸は身を助く、とはこのことだと思いました。

このように、低学年まではいろんなことをやらせて、子どもの才能がどこにあるかを見定めること。そして、子どもがこれをやりたいと決めたときには、親子でしっかりと約束を交わして、途中で投げ出さない子どもにしていくこと。こういうことが大事なのです。

直也を育てながら、親子の約束は子どもを成長させるうえで本当に重要だと感じたことがありました。練習がきつくなると、一緒に始めた周りの子どもたちがどんどん体操から離れていきましたが、直也はやめようとしませんでした。彼には、自分で決めたという責任感があったのです。

ときには倒立の練習で顔に血豆ができるほどでしたから、よほどきつかったと思います。けれども親には意地を張って「きついほうが勝ちだよ」と強がっていました。そのときわたしは、この根性があれば、もしかしたら将来、オリンピック選手になるかもしれないと強く感じたものです。

思い起こせば、直也がオリンピックを目指すと言ったときはさまざまな環境の整備に力を注ぎました。学校と体育館の送り迎え。食事。そして、コーチも選びました。

そしてもちろん、体操オンリーではなく、やはり勉強もきっちりさせなければいけないと思いました。いくら強い意志で目標を定めても、成功するかどうかはわからないからです。

とはいえ、体操の練習に多くの時間を割かねばならないという現実問題がありますから、効率よく勉強するためのいい塾選びも不可欠です。親がやるべきことは山のようにあるのです。

**躾MEMO**

子どもが目標に向かってがんばるのを全力でサポートするのは親の務めですが、子どもを追い詰めるのはサポートではありません。オリンピック選手でも、一流大学合格でも、誰もが達成できる目標ではないからこそ、親は冷静にサポートに徹することが大切です。

## 子どもがつまずいたときにどうするか

小学校高学年で目標を定めてスタートした子が、つまずきがちなのは中3になるころです。どんなに優秀な子どもでも、多かれ少なかれつまずく時期はやってくるもの。きついことをこなしているのに、思うように伸びないという時期が訪れるのです。

直也も中3ごろの時期に少しつまずきかけたことがありました。そわそわと練習に集中できておらず、鉄棒にぶつかって脚を骨折したことがあったのです。ケガとは「我を怪しむ」と書きますが、まさに言い得て妙。心に迷いや怪しい気持ちがあるとき、人は集中力を失います。それがケガにつながるのです。

体操クラブでは、子どもの変調に気づいたとき、親に連絡を取って体育館に来てもらいます。話し合いをするためです。

そのとき、母親が「それであなたはどうしたいの？　やめたいの？　続けたいの？」と聞いて子どもに判断をゆだねると、大半の子どもがその時点で体操をやめます。聞くというより、子どもの顔色をうかがっているようなケースではなおさら続きません。

うまくいかない時期というのは、誰しもつらいものです。きつい練習を続けることに疑問を抱き、楽な方向へ流されやすくなります。家に帰れば親にぐちをこぼすようなこともあるでしょう。ぐちを口にすればするほど余計につらくなり、やめたい、ということになっていくのです。

多くのオリンピック選手を育ててきた経験から言うと、本気でやり始めてからまだ3、4年という中学生の時期にやめてしまうというのは、いかにも中途半端です。

ですからわたしはその年代の子どもたちの親には、「一度やると決めて、約束してクラブに入ったのでしょう。まだ3年しかやってないこのタイミングでやめてしまう子どもは、この先何をやっても、つらいという理由でやめてしまいますよ」と言います。

中高生で競技をやめる理由の多くは、「これからは勉強に切り替える」というもの。一見まっとうな理由ですが、これは危険です。たとえ「勉強をします」と言って体操をやめても、大概の子どもは成績がよくならないのが実情だからです。

これは学校の先生も言っていることです。何かを投げ出して勉強ができるようになる、という子どもは希有《けう》なのだそうです。

学校の先生はしばしば言います。「体操をがんばっていたときのほうが、よほど成績がよかったのですよ」と。

これは何を意味するか。つまり、中学2、3年生の子どもが勉強を理由に体操をやめるケースでは、「勉強をしたいから」ではなく、「ここから逃げたい」「遊びたい」というのが実際の理由である場合が多いのです。

ですから、子どもが何かを「うまくいかないからやめたい」と言い出したとき、親としてはまず「今はやめる時期ではない。もう少しがんばってから考えましょう」と言ってください。そして、本当の「理由」が何であるかを考えてみてください。

体操の場合、わたしは選手のお母さんには「今はやめる時期じゃないと思いますよ。本格的に始めてから3年では、判断を下すには早すぎます。高校3年までを区切りにやりませんか。そこから結論を出しても遅くはないのではないですか」と言います。

過去にさまざまな例を見ているから、わたしは心配になるのです。3年でやめてしまうような子どもは、また別のことをやっても、往々にして同じことを繰り返す可能性が高いからです。

それに体操選手の場合、小学校高学年でオリンピックを目指そうと決めたら、学校は中高一貫教育のところに進むことが多いので、3年でやめてしまうのはもったいないのです。それまでせっかく親子でがんばってきたことが無駄になってしまいます。勉強を選ぶというなら、中1のときからそうしていたほうがよかったのです。

もう一つ、こんなこともあります。何かをがんばっているときのほうが、勉強もがんばれるものです。きつい現実から逃避しようという気持ちがあるうちは、何をしても成功しません。そのうえ、親も一緒になって逃避するのを手伝っているようでは……。

わたしも、直也を育てるうえではずいぶんと努力しました。女子のトップ選手の指導をしながら、直也の送り迎えもしましたし、疲れていてもご飯も作りました。だからこそ、それを3年間で投げ出すなんてもったいなくてできなかったのです。

**躾MEMO**
**大きな目標を掲げてスタートした以上、3年でやめさせてはいけません。最低6年間、高校卒業まで努力を継続することで成果が得られます。**

## がんばる過程を評価する

人は、いつか必ず岐路に立ちます。うまくいった、うまくいかなかったにかかわらず、決断を下すべきときはやってきます。

体操の場合、ケガでどうしても続けられなくなるということがあります。あるいは、高校3年まで努力を積み重ねても、あるレベル以上の成績を出せないという子どもはどうしても出てきます。

けれども、中学から高校までの6年間、体操を継続できた子どもなら、おのずと選択肢が広がります。大学への道もありますし、今度は大学でレギュラーを取るという目標を掲げることもできます。

体操クラブでは、しっかりがんばり通した子には大学の紹介をして、合格するように指導します。続けていると必ずいいことがあるのです。

子どもが続けるかどうか迷っているとき、誰よりも適切なアドバイスをしてあげられるのが親です。親は、自分が子どもの親であり、人生の先輩なのだということに自信を持たなければいけません。

基本的に、迷っているときは続けるべきです。やめるのは最後の最後にとっておくべきなのです。

そして、子どもが迷っている姿を見たら、よい試練だと思ってください。人生には困難がたくさん待ち受けています。大人になれば、努力しても成果が上がらないということもあるでしょう。でも、困難に出くわすたびにやめてしまう、逃げ出してしまうというわけにはいかないのです。

ですから子どものうちに困難を乗り越えるレッスンを受けられるのだと、いい方向に解釈し、励ましてあげてください。

自分の子どもが挫折するのを見るのはつらいことですが、子どもが続けようと思っているのに、結果が出ないからもうやめさせましょうというのは切ないものです。結果だけにこだわることなく、継続を称えてあげることが、子どもの将来を豊かにしていきます。

以前、オリンピックの代表選考の大会で負けて、親がその場で選手を連れて帰ってしまい、その後はクラブに姿を現さなくなったというケースがありました。結局この選手はそのまま退部したわけですが、これではあまりに残念です。

体操の世界はシビアですし、オリンピックに出られるのはほんの一握りの選手だけです。誰もがなれるわけではありません。代表選手になれないと決まったとき、もちろん子どもは悲しい思いをするでしょう。

けれども、そこまでがんばったのは事実として認められるべきことですし、子どもも親も誇りに思ってしかるべきです。がんばってきたプロセスを大切に思い、貴重な体験と考えるべきです。

直也もうまくいかないときはありました。でも、つらいときに泣きながらでもがんばる姿を見て、そのときはこちらもつらいけど、こんなにがんばる子どもなら、世の中に出てからも絶対にいろいろなことを我慢できるようになると思えました。

つらいことを乗り越えようとするのは、決してかわいそうなことではありません。大人になってから必ず役に立つという目で見てあげられたら、それは幸せなことなのです。

ダメな親は目先の成績だけで決めつけてしまう親です。成績が出たか出ないかだけで判断するのはもってのほかです。

子どもには、がんばっているというプロセスがあります。世間は結果で評価しても、親は子どもが取り組んでいることを誰よりも詳細に見ることができます。ですから、まずはがんばる過程を評価してあげなければいけません。成績は後からついてくるものです。

直也に関しても、体操に本格的に取り組み始めたときには、オリンピック選手になれるかどうかなどわかりませんでした。周囲には小学校5年生よりもっと小さいときから本格的に選手コースで練習をしている子どももいましたし、そもそも直也は体が硬かったので、スタート当初から体操選手として苦労することはいくらでもあったのです。

わたしは母親として息子の体操に関する最大のサポートをしながら、「いったい、この子は本当にオリンピック選手になれるのかしら」という疑問もありました。だから、もしもスポーツで成功しなかったら、という場合を想定して、ある程度は勉強もさせておかないといけないと思ったのです。

それでも、うまくいかなくてもがんばる直也の姿を見ていると、必ず将来に役に立つと思ったものです。親としてはそれこそが本当にうれしいことでした。

**躾MEMO**

岐路に立って苦しんでいる子どもを「かわいそう」と見てはいけません。困難を乗り越える力を養うチャンスを得ていると思ってサポートしてあげましょう。

## がんばる親の子どもはがんばる

うまくいかないとき、「これからは勉強をします」と言ってやめていくケースの他に、最近しばしば聞かれるようになったのが「楽しくやりたい」ということば。「日曜日は休みたいので」という理由をつけてくる子どももいます。

ものごとで一流になるには、楽しいこともあるけれど、その反面、厳しいこともたくさんあることを知っておかねばなりません。厳しさを楽しんでこそ一流になれるのですし、一流の人間で厳しいことを乗り越えなかった人は誰もいません。

楽しいのは、全力で一所懸命やることによって成長のプロセスを体感していくこと。成果を出せる人間は、困難を乗り越える過程を楽しむことのできる人なのです。成功した人の成長過程を見れば、多くの苦しいことを克服していったことがわかります。楽しいばかりで世界に行った人はいません。苦しい練習をして初めて頂点に立てるのです。

これは少し考えてみればすぐにわかることです。学者、研究者、芸術家……。誰も皆、寝る間も惜しんで、1日7時間も8時間も勉強や練習をするのです。それはどの世界も一緒です。

体操クラブで子どもに何かしらのつまずきが見受けられたとき、つまり子どもが「がんばれなく」なっているときに親を呼んで話し合いを行うと、「この親ありきのこの子だわ」と思うことがあります。たいてい母親が来て話をしますが、子どもの顔色ばかりうかがう母親が増えているのです。

そういう母親には何を言っても効き目のない場合も多々あります。母親に言っても改善されそうにないと感じたとき、わたしは選手に言います。

「あなたが将来結婚して、親になったとき、あなたの子どももがんばらない子どもになってしまいますよ」

がんばる親の子どもはがんばるものです。それに対して、がんばらない親の子どもはがんばらないものなのです。子どもは親の姿を見て育ちますから。

「あなたの子どもががんばれない子どもになってしまいますよ」という言葉は、特に女子選手に効果があります。

「今は苦しくても、次の段階までがんばってごらんなさい。そうすれば、自分が子どもを産んだとき、ちゃんとがんばれる子どもになるのです。自分の子どもが何か習い事をして途中で投げ出そうとしたら、がんばってこなかった親は何も言えませんよ」

男の子だって同じです。

「がんばらない親の子どもががんばれるはずがないでしょう。あなたの子どもも同じことを繰り返してしまいますよ。自分の子どもが挫折してもいいのですか」

がんばり方を知らない親が、がんばる子に育てようといったって、育てられるわけがないということです。

体操クラブに体重管理の面でがんばっていない選手がいたとき、わたしはこう言ったことがあります。

「あなたは将来、子どもを産んでお母さんになるでしょ？　今、あなたががんばれないようなら、あなたの子どもも絶対にがんばれないですよ。あなたがここで挫折して、なぜあなたの子ががんばれるのよ」

するとこの子は、もしかしたらしょげてしまうかという危惧も何のその、嬉々とした表情を浮かべていたのです。

「今日は先生からいい話が聞けました。自分はそういう親になりたくありません。体操を続けます」

そう言って、心を入れ替えたようでした。わたしも現役選手時代は減量を何回かしたことがあります。どんな方法でやせようとしても、結局食べる量を考えない限り、やせないのです。それは自明の理です。

結局、この選手はその後も体重コントロールには苦労し、大学に行った後に5キロも太ってしまってナショナルチームメンバーからは落ちてしまったのですが、それでも大学まで体操を続けました。太っていても一所懸命やっていたのです。ですからわたしも最後まで指導しました。

そして、その子の母親は「子どもががんばっていることがうれしい」と言うようになりました。

親が子どものどこを見てあげられるか。それは、毎日真面目に練習すること、習い事に行くこと。そういうことを認めてあげることが大切です。

成績が上がったことだけをほめるのではなく、日々の子どもの取り組みを評価してあげるのです。そうすることが、おのずと成績を上げることにつながります。成績が上がったらほめる、下がったらしかる、責める。これだけではいけません。

わたしがこう思うようになったきっかけは、直也の言葉でした。

ある日、試合の帰りに車に乗って話をしたときのことです。わたしはいつも自分で車を運転して直也の送り迎えをしていました。

家に向かって車を走らせていると、直也はこう言いました。

「お母さん、僕は楽しく体操をやっていたのに、試合に行って失敗すると、お母さんは車の中で暗い顔をしている」

もちろん、直也の言う「楽しい体操」は遊びとしての楽しさではなく、競技を追求することの楽しさです。

わたしはどきりとしました。わたしとしては普通に接していたつもりでした。とはいえ、わたしも元オリンピック選手です。自分の子どもが大会で成績が悪いと、どうしても愉快な気持ちにはなれません。

それが顔に出ていたのでしょう。

「お母さんは僕が失敗したりなんかすると、嫌な顔をしているよね」

子どもがいかに親の様子を見ているのかということを思い知らされました。大会中に、そういうところまで見ているのだと、はっと気づかされました。自分としては一所懸命普通にしていたのに、顔に出てしまっていたのです。

もう一つ。こんなこともありました。

19歳の若さで1996年のアトランタオリンピックに初出場した直也は、その後、一気に世界を駆け上がっていき、2000年シドニーオリンピック前年に天津で行われた世界選手権では個人総合銀メダルを獲得しました。マスコミをはじめとする周囲の人々は当然、シドニーオリンピックでの金メダルを期待するようになります。

そんなある日、主人が直也にポロッと言いました。

「これはメダルが狙えるぞ」

直也は黙って聞いていたようですが、本心は複雑なものがあったようです。

「僕は体操を楽しみながら成績を取ってきた。それなのにお父さんが突然、メダルを狙えるぞと言ったのが、本当に嫌だった」

普段、「一所懸命やりなさい」「体操が好きで、楽しくやればいい」とだけ言っていた父親が突然、メダルという言葉を口にしたときに、直也は違和感を覚えたのです。

日ごろから掛けられていた言葉は親の本心ではなく、本当はメダルを獲ってほしいからがんばれと言っていたのか、と嫌悪感がわき上がってきたというのです。

直也はそれを後日談としてわたしに教えてくれました。子どもは親のことを本当によく見ているものなのです。

**躾MEMO**

子どもは「親に自分の気持ちはわからない」と思いがちです。だからこそ、体操など専門分野のことは指導者を信頼して任せるのが賢いやり方です。悩んだときは指導者とよく相談して、互いの役割分担を認識して子どもをサポートしましょう。

## 勇気を持ってしかる

気持ちの切り替えは人間として必要なことです。生きていれば嫌なことはたくさん出てきます。ですからその都度、切り替えることが必要です。根に持っていても何もいいことはありません。何か注意されたら、まずはその場で反省して、気持ちを切り替えることが潤滑な人間関係を生むことにもつながります。

というのは、注意するほうも勇気がいるからです。嫌な気持ちにさせてやろうという思いでしかっているわけではないのです。

ところが最近の子どもの反応を見ていると、普段、親から注意されていないのだろうと感じることがあります。なぜかというと、ちょっと強い言葉で言うと、子どもが驚いてしまうのです。そして泣きます。家でしかられていないから慣れていないのです。

子どもをしかるとき、注意をするときに勇気が必要なのは、親も指導者も同じです。ですから子どもがしかられたからといって親まで気分を悪くしているようではいけません。

よく考えてみてください。「これはダメ」と注意するのは「この子にとっていいことだから」なのです。

相手が傷ついたらどうしましょうとか、機嫌を損ねたら嫌だわとか、そういう心配をする気持ちは重々わかります。けれでも、それが本当に子どものためを思って言うべきことなら、勇気を持って言わないといけないのです。

子どもに注意するときに重要なこと。それは冷静になることです。自分の機嫌が悪いからといってガミガミ言う親はいけません。気持ちを落ち着かせて、心を込めて注意するのです。

コーチでも親でも、真剣に自分のことを思ってしかってくれたことに対して、子どもはいつか必ず気づいてくれます。そして後で、しかってくれた大人に対して感謝の気持ちを抱きます。そもそも、そんなに嫌なことを誰がわざわざ言うでしょう。お互いに気持ちよく生活したいから、相手のことを思っているから言うのです。

わたしも小さいころ、親や先生からいろいろなことをしつけられましたが、ほめられたことよりもしかられたことのほうを覚えています。今思うのは、しかる勇気は絶対に必要だということ。最近は子どもにハッキリ言える人が少なくなったのではないかと思います。家庭でも学校でも、お稽古事の場面でも会社でもそうです。

ただ、あまりにもしかりすぎると、ときにそれは相手のエネルギーを奪ってしまうこともありますから、注意深く対応することも必要です。言うべきタイミングか、今は言わないほうがいいタイミングなのか、そういうことも考えなければいけません。子どもの性格をよく観察して、タイプに応じて言い方を変えてあげることも必要です。

人によってはある程度、定期的にしかってあげないと気づかない子どももいますし、反対に、肝心なときだけビシッと言うほうがいい子どももいるのです。

注意するときは口調の強さ弱さも重要です。強く言っても平気なタイプか、強く言うとかえってダメなタイプか。子どもの性格によって使い分けをしていく必要があります。

親子なら子どもが小さいときからある程度性格はわかっているはずですが、それでも兄弟・姉妹によって多少の違いがあるものです。

たとえば、わたしは4人姉妹ですが、姉妹全員が似ているわけではありません。一番下の妹は富山県でハンドボールの指導にたずさわって全国中学大会で優勝したこともありますが、すぐ下の妹はおっとりした性格で主婦業に専念していました。姉も、わたしや一番下の妹のようにばりばり働いていたわけではありません。これは不思議だなと思っています。

ですから、二人以上のお子さんをお持ちのお母さんが、兄弟姉妹で似ていなくてもそれは普通のことだと思ってください。

体操クラブでも、姉妹でスポーツが得意だったり不得意だったり、上と下は足が速いのに真ん中の子どもだけ遅いというケースもあります。勉強もそうです。子どもは本当に千差万別で、それぞれに個性があるのです。

だからこそ子育てというのは難しいのです。ある面では手探りしながらいろいろと決めていかないといけない、マニュアル通りにはいかないのです。手探りせずに一方的に突き進んでいると子育てを間違ってしまいます。

わたしも子育てに関しては大いに悩み、迷いました。手探りしながら少しずつ進めていったことも多かったです。子育ては本当に大変なので、一人っ子でよかったと思う面もあったくらいです。直也が一人っ子だからその子にだけ愛情を注ぐことができました。だから、二人以上のお子さんをお持ちのお母さんは本当に大変だと思います。

たとえば一人は成績がよくても、もう一人のほうは悪い。これはしばしばあるケースです。体操だってそうです。放っておくと、子ども同士で嫉妬してしまうことだって起こるかもしれません。これは悩ましいことです。

母親としては、とにかく人をうらやんではいけないと教えなければいけません。嫉妬の気持ちは誰にでも起こり得ます。だからそれを止めてやらなければならないのです。

そういうのもすべてしつけです。人間は嫉妬する生き物です。けれども、嫉妬してはいけないのです。あなたがうらやましいと思う人は、あなたの何倍も努力しているのですよと教えてあげましょう。

たとえば金持ちになる人、会社の社長になる人。なんにも努力をせずにポンとお金が湧いてきたり成功したりする人はいません。結果だけを見てうらやましがらないようにと指導すべきです。

親としては成績がよくないほうの子どもを過剰に見てしまいがちですが、かわいそうだと思ってはいけません。まず、十分にその子が努力しているかを見ます。たいていは、出来のよい子より努力していないことが多いものです。

もちろん中にはとてもよくがんばっているけど、なかなか成績に結びつかないという子どももいるでしょう。けれどもそういう子に対しては、がんばっていることを正当に評価してあげればいいのです。

母親の皆さんの中には、「子どもが注意をしても何も聞かない」とか、「ぷいっとされる」とか、「嫌な顔をされる」とか、そういう懸念を持っている方もいると思います。けれども、そこで注意をする勇気を失ってはいけません。そのときに言わず、次に言おうと思っていても、どんどん先延ばしになって悪い方向に進むだけです。確かに言うべきタイミングを推し量って、適切なときに注意することも重要ですが、いつか必ず言うべきときは来ます。ですから、勇気を持ってしかりましょう。

そして、タイミングのいいときに子どもに言ってみるのです。

「注意してくれた人がいたら、感謝しましょうね」

これが人間としての優しさにつながるのです。よく、「何か物をもらったら、ありがとうございますとお礼を言いなさい」と教えますが、それと同じように、「注意してもらったら感謝しなさい」と言うのもいいことです。そして感謝の気持ちを相手に伝えることができれば本物です。

手紙でも何でもいいのです。感謝の気持ちを伝えられる子どもにしてあげましょう。それは豊かな人間を育てるのに役立ちます。

## お互いに優しくし合う

体操クラブがなぜ上下関係を作らないようにしているか。それは自分たちの経験に基づいています。

主人の塚原光男とわたしはともに体育大学を卒業しました。学生時代は体操部でともにオリンピックを目指し、体操中心の生活をし、そろってオリンピックに出場することができましたし、主人はメキシコ、ミュンヘン、モントリオールとオリンピック3大会で合計5つの金メダルを獲るほどの大活躍でした。ただし一方で、学生時代は厳しい上下関係に苦労していました。上級生の命令は絶対。掃除をするのは下級生だけ。上級生に正座させられたこともあります。

目上の人を敬う気持ちはとても大切ですが、こういったことはすべて練習の妨げにしかなりませんでした。上級生に対して必要以上に気を遣わなければならないのは理不尽なだけで、いいことなど何もなかったと思います。

これではいけない。何かおかしい。もっと純粋に体操に集中できるような環境を作りたい。そう思ったわたしたちは、体操クラブを作るとき、「この体育館では皆が平等に楽しく体操ができるようにしましょう」と決めたのです。

人間関係も含めて、いろいろなことに配慮しているのがわたしたちの体操クラブ。そして、そこで最も大切なのは、互いに優しくし合いましょうということです。人に対して優しくあれば、そうそう問題は起きません。

それと、わたしがいつもいいなと思っているのが、子どもたちは誕生日やクリスマス、バレンタインデーなど、セレモニーを大切にしてくれます。

子どもたちが「先生、わたしは今日で何歳になりました」と報告に来てくれるのは本当にうれしいことです。ですから、わたしはプレゼントを用意しています。小さなプレゼントでいいのです。また、バレンタインデーにはチョコレートを持ってくる子どももいます。

セレモニーやイベントは面倒だし、お金もかかると思う人もいるとは思いますが、華美にする必要はまったくありません。お小遣いの少ない子どもはカードや手紙だけで十分なのです。誕生日の報告や「おめでとう」などのひと言があるだけで家庭的な雰囲気になるし、人間関係もうまくいくのです。

これは家庭でも大切なことです。たとえば塚原家では、お正月に毎年必ず行うことがあります。家族で朝食の食卓に座り、お雑煮を食べて、神社へ行ってお札をもらって、帰ってきて家に飾ります。ですから、年末年始に旅行に誘われることも多いのですが、残念ながら欠席しています。

セレモニーは各家庭それぞれですから、どんなことでもいいと思います。一年の節目ごとに家族そろって毎年こういうことをやっていますよ、という恒例行事を作るのはとてもいいことです。絆が深まります。

ですからわたしは体操クラブでもお祝い事などを大事にしています。こういうことを大切にすると、子どもは「自分のことを大事にしてくれているのだなあ」と思うもので、それが信頼関係や思いやりの気持ちにつながります。

## 可愛がられるのが一番

体操をやっているときの成績というのは、当然ながら人それぞれです。全日本で1位だった、2位だった、10位だった。これは一生の中でこのときだけのことであり、体操を終えた後にはしっかりとした人間性を身につけていないと通用しません。

選手をやっているときには、体操が強かったから認められた、ということも出てきてしまうものですが、それでわがままになっていると、世の中で通用しない人間になってしまいます。体操を終えた後の人生のほうが長いのです。

ですから、「皆に可愛がられる人になりなさい」「挨拶のできる人になりなさい」「一般常識を身につけないといけません」と、口酸っぱく言っています。

体操選手に限らず、競技者として戦っている子どもたちは気が強いですし、強くなければやっていけないともいえます。けれども、気が強い部分を人間関係で出していくと、いろいろなものが崩れていきます。

やはり、チャンピオンになった人ほど、長い間トップにいる人ほど、自分が自分がという気持ちが強いものです。ですから、トップに君臨していた選手ほど、選手生活を終えたときはリハビリが必要になります。

オリンピック選手になると、世間から注目されたり、周囲からチヤホヤされることもあって、中にはどんどんわがままになる人も出てきます。けれどもそういう人は世の中で嫌われ者になってしまいます。ですからわたしは、「常識的な生活ができたり、人と普通に付き合ったりすることが大切なのです」と諭します。そして、「感謝の心を持ちましょう」と言います。

それと、何より重要なのは可愛がられる人であること。可愛がられていれば皆が支えてくれます。トップの選手であればあるほど、可愛がられることは大事な要素なのです。

というのは、誰でも長い人生の間には失敗することもありますし、窮地に陥ることも出てくるものだからです。謙虚な姿勢で一所懸命がんばっていれば、人は必ず可愛がってくれ、支えてくれます。

我が家もそうですが、子どもが一人っ子の家は余計に心配が多いはずです。先々一人になったときにやっていけるかどうか。そのとき、自分の子どもが周りから好かれて可愛がられていれば心配も軽減されます。

時代が平成になってから3世代が同居している家庭が非常に少なくなりました。昔は、戦争を体験しているおじいちゃん、おばあちゃんが家にいることで、子どもも祖父母からいろいろな話を聞くことができましたが、今はそういうことがなくなっています。

確かに、両親と一緒に住んで3世代が同居するのは、母親にとっては大変なことだと思います。おじいちゃん、おばあちゃんが病気になったり、介護が必要になったときには本当に大変です。けれどもそれを家族が協力してやることで、いろいろなことが学べるのです。

我が家でもあるときから長崎の母親を呼び寄せて、一緒に暮らしました。病気になったときは苦労しましたし、高齢になってからはいろいろと大変でしたが、親が自分の親の面倒を見ている姿を子どもはしっかりと見ているものです。そこから子どもは親への孝行心や年配者への優しさ、将来自分が行うべきことに対する責任感など様々なことを感じ取ります。

特に母親が仕事を持っている家庭は、おばあちゃんが一緒に住んでいると何かと助けてもらえます。母親が教えきれない一般常識を子どもに教えてくれることもあるでしょう。子どものしつけは母親が中心となり、できるだけ多くの家族が協力して行うのが理想的なのです。

**躾MEMO**

**子どもにとって最初に接する身近な社会が「家族」です。家族が多く、いろいろな世代の同居人がいるほど、自然と社会性が身につきます。実行は困難でしょうが、わたしはおじいちゃん、おばあちゃんとの同居を勧めます。**

## 母の「気」が子どもに力を与える

息子の直也から「テンションが高い人はあまり好きではない」と言われたことがあります。でも、気にしませんでした。我が家ではできるだけ家族4人がそろって夕食を摂ることにしていましたが、主人と息子はたいていおとなしく、静かに食事をしています。けれどもわたしは、その雰囲気が好きではありませんでした。ですから、食事のときはわたし一人がはしゃいでいるようなこともありました。

母親はとにかく元気が必要。母親に元気がなければ子どもは元気のない人間になってしまいます。そして、子どもが試験や大会など、勝負を懸けるときは最大の気を子どもに送るのです。念じる力は重要です。

わたしはいつも「あなたのお父さんは金メダリスト。だから、絶対にできる。

がんばってお父さんのようになりなさい」と心の中で念じながら応援していました。

子どもが勝負事の場面で力を発揮できなかったとき、そういえば母親に元気がなかった、ということがよくあります。お母さんが子どもを支える力は思っている以上に大きいのです。

わたしは体操の競技会では女子の監督として会場に行きますが、同じ会場内では息子の直也も試合をしています。女子の指導をしないといけないですから、自分の息子といえども試合中にそばに行く機会は限られています。

近くにいられる絶好のチャンスは大会の入場行進のとき。整列するとき、わたしはいつも直也の背中をポンと押していました。軽く背中を叩くだけで、気を送ることができます。

一般の親は試合のときに体育館のフロアに降りることはできませんが、たとえば、試験や試合などの大事な日の朝、家の玄関を出て行く子どもの背中をポンと叩いてやるだけで効き目があります。子どもは顔に出さなくても内心では必ず不安なのです。勝負事は大人でも不安なもの。平気な子どもはいませんから、出陣するときは最大限のパワーを送ってあげましょう。

直也には、背中を押したり、ときには「パワーをあげる」と言って握手したりしていました（握手をされるのを恥ずかしいと嫌がっていた時期もありましたが……）。

1996年に初めてオリンピック選手になるとき、目の前にいた直也は不安そうで元気がありませんでしたが、「これはいけない」と思い、気を送ったところ、見事に代表の座を射止めました。

こういうことは大きな競技会ばかりでなく、運動会などでもやってあげるといいと思います。親が直接何かをしてあげることはとても大事です。

たとえば運動会なら、運動着に背番号のゼッケンをつけてあげたり、お弁当を作ってあげたりすることが子どもの力になります。

直也が小学生のときは、運動会となればおばあちゃんと一緒にゴザを持って、お弁当を作って「がんばれ！」と応援していました。ビデオもたくさん撮りました。

ところで、直也は東京の明星小学校という私学に通っていたのですが、5年生ごろのあるときに全国学力テストを受けた際、順位がビリの方だったことがありました。

明星学園は自由な学校で、勉強を押しつけることがなく、子どもの芸術性を磨くのにはとてもいい学校です。

低学年のころは「今日は学校で何をしたの?」と聞くと、「井の頭公園に行って絵を描いた」とか、「木登りをした」とか、情操教育にはうってつけなのですが、さすがに勉強が下位の順位であることを知ったときはマズいと思いました。

そこで、5年生から塾に行かせることにしたのです。体操を本格的にやり始めたのもそのころでしたから、塾も体操もとなると親も子も大変だったのですが、わたしも直也もがんばりました。

がんばらないといけない時期は、親子で乗り切るしかないのです。中学受験では最初に受けた学校に合格することができず、愕然としましたが、そこから巻き返して明大中野中学に合格しました。正月も返上して家庭教師をつけて勉強したこと。受験当日の朝に主人とわたしと直也の3人で四字熟語の勉強を最後まで粘ってやったこと。そういうことを思い出しながら、「やった！　努力が実った！」と、わたしも直也も涙を流して喜びました。

このように、がんばるお母さんの力があれば子どもはがんばるのです。お母さんががんばらないでいてどうしましょう。親子で一緒に戦っていくべきなのです。

**躾MEMO**

子どもの不安や気力の低下を感じたら、親の気力を分けてあげましょう。肩や背中をたたいたり、握手をしたり、抱きしめたり。気持ちを込めて料理やお守りを作ってあげてもいいのです。子どもが小さいころから親子なりのパワー伝達法を作っておくといいかもしれません。

## いい出会いを引き寄せるには

息子の直也の場合は、小学校のころはサッカーをしていましたが、わたしたち夫婦が体操の指導者ということで自然と体育館にも来ていました。特に教えていたわけではないですが、幼稚園のころにはすでに宙返りくらいはできるようになっていて、幼稚園の周りの子どもたちを驚かせていました。

小学校は自由学園として知られる明星学園に通っていました。わりと休みを取りやすかったため、小学校5年生のとき、わたしの母親に付き添われてソウルオリンピックを見に行きました。ソウルは日本から近かったので、社会科見学というイメージでした。

世界最高峰の戦いを見学して帰ってきた直也は、「僕は人間がゆかであんなに高く飛び跳ねることに感動した。鉄棒があんなにしなることにも感動した。

絶対に体操をやりたい」と言いました。

わたしたち夫婦は子どもとしっかり話し合いを行った結果、全面的に直也を支援しようと気持ちを固めていきました。どのコーチがいいのかと思案していたところへ、中国のあん馬のチャンピオンだった呉傑《ごけつ》コーチが日本へ職探しにやってきたり、旧ソ連が崩壊したことで職を失っていたアンドリアノフさんが旧知の間柄である主人に連絡をしてきたり。そういった偶然の出会いから一流の指導者に恵まれて成長していったのです。

選手として本人ががんばるのは当然ですが、大事なのは自分を活かしてくれるいい指導者に出会うこと。自分一人では絶対にうまくなれないところに、人を引き寄せるエネルギーでいいコーチに出会っていくことが必要なのです。

人との出会いは偶然ばかりではありません。一見、偶然の出会いに見えて、実は必然だったという場合のほうが多いはずです。そして、出会いによって、人の生き方が一変することもあるのです。

必然の出会いを引き寄せるために母親がやるべきことは、子どものためにどうしたらいちばんいいか――どういう指導者がいいか、どういう環境を整えていけばいいかと真剣に考えることです。

わたしの場合、当時の体操クラブは女子選手だけだったので、最初は男子の器具がなかったのですが、直也が体操をやると言った後に本社に掛け合って男子の器具を導入してもらいました。

とにかく、「この子を一流にしたい」というエネルギーがわたしの中に満ちあふれていました。

心配していたのは、あん馬を誰に教えてもらったらいいか、ということ。

主人はムーンサルトを編み出した鉄棒を筆頭に、ツカハラ跳びの名を残している跳馬など、得意な種目は多かったのですが、あん馬だけは苦手でした。ですから、あん馬はしっかりした指導者をつけないと正しい旋回や動きをマスターできないかもしれないという心配があったのです。

主人とはそのころ毎日、「オリンピックに出たいという目標を達成するためには、どんなことがあっても夫婦で直也を支えよう。いい加減なことにはならないように、環境を整えよう。そういう覚悟を持って取り組もう」と話をしていたのですが、「でも、コーチはどうしようか。誰が適任なのか。日本にいるのだろうか」というように、決めあぐねていました。

そういうときに偶然訪ねてきたコーチが、履歴書を見たら中国のあん馬のチャンピオン。これは天の配剤だと思いました。

ここで大事なのが、夢や目標を持ったとき、それを周りの人に言うことです。それによって周囲の人が「塚原さんはこういうことを望んでいるんだ」と認識してくれますから、自然と必要な情報が入ってきやすくなるのです。

アンドリアノフコーチも呉コーチも出会いは偶然でしたが、目標を掲げて周囲に相談しながら突き進んでいったことがそういった必然を呼び起こしてくれたように思います。わたしたち夫婦が二人ともオリンピックに出ているからわかるという一面ももちろんあったと思いますが、とにかく、目標を掲げたら口に出して言うことです。わたしはいつもそうしています。人に話すことによって実現したことはたくさんあるのです。

ただ直也に関しては、小学校5年生でのスタートは正直言うと遅かったと感じました。低学年のころはサッカーを中心に、ゴルフなどもやらせていましたし、週2回は体操教室に通わせていましたが、体が硬かったので、5年生から本格的に体操というのは遅かったのです。

もう少し小さいときから始めて、幼少時から体を柔らかくしていれば楽だったのかもしれません。けれども、自分でやりたいものを決めるまで時間がかかったので、それも仕方がないこと。その代わり、自分の意志をしっかり決めてからのスタートでしたから、子どもは自分の言葉や決断に責任を持って取り組めましたし、挫折せず継続できたのです。

幼少期の成長過程では、多くのことを経験できるような環境を与えることが大切です。いろいろと習い事をさせることです。スポーツを見たり、自分でさせたりという環境を与えるのです。その中からどれが本人に合っているかがわかってきます。

それと、日本の場合はいちばん引っかかるのが勉強面です。いくら目標をしっかりと定めて環境を整えても、将来成功するかどうかはわかりませんから、勉強をせずに体操だけをやっていていいということはありません。途中でケガをするかもしれないし、いくらやる気があってもうまく伸びないかもしれません。ですから並行して勉強をさせる必要があります。

こうやって、勉強もさせて習い事もさせていると、それだけで一日はあっという間に過ぎてしまいます。学校の勉強と練習を両方真剣にやるのは簡単なことではないのです。

けれども、人生の中で体操をやる時間というのは長くない。選手でいられるのは長くて十数年かもしれないし、それよりもっと短いかもしれない。だから、勉強も大切、だから両方がんばりなさいと言うのです。

日本では学歴が重視されますし、それだけではなく、常に勉強をして頭の訓練をするということは人間として大切です。小学校高学年から高校生までの少年期、少女期はそういうことで親子がいちばんがんばるべき時期です。

直也の場合は、同時期に何人かの同世代の男の子も一緒に体操を始めたのですが、中国人の厳しいコーチについて訓練をしていたので、練習がつらくなってやめていった子はいっぱいいいました。

体操の基礎を教え込む時期のいちばんきついときには、朝練習で倒立を10分も15分もやらされて、顔に血豆ができたこともあります。それは、体操の練習のつらさを十二分に理解しているわたしが見ていてもかわいそうでした。一方で、オリンピックに出るためには必要であることはわかっています。ですからわたしも必死な気持ちで見守っていました。

結局、直也と一緒に体操を始めた子どもは8人くらいいたのですが、残ったのは直也を含めて3人でした。ところが、そんなある日、直也が言ったことがあります。心配になったわたしが「練習がきついでしょう」と尋ねると、「いや、きついことをやったほうが勝ちだよ」と言うのです。

それを聞いてわたしは、この子は他の子がやめていってもきつい練習をやり遂げることができるがんばれる子どもだ、投げ出さずにできる子どもだと確認することができました。

きつい時期にがんばれない子どもは一流選手にはなれません。そこで直也と一緒に最後までがんばった子どもたちは、オリンピックこそ行けなくても、大学までしっかりと体操を続けて、レギュラーとして活躍していました。

直也の場合は、中国人のコーチに5年間ほど基礎を教わった後、そのコーチがやめてしまったので、また新たに違うコーチを探さなければならないという状況になりました。少年期の後半に5年間も毎日練習を教わってきたコーチがいなくなるのですから、彼にとってはショックだったと思います。

そのタイミングで今度はソ連崩壊の影響を受けたアンドリアノフさんから連絡が来たのですから、これはすごい幸運でした。しかもアンドリアノフさんは当初、「日本に遊びに行くよ」ということで主人に電話を掛けてきたのです。直也には人を引き寄せる力があるのかもしれない。わたしはそう感じました。

## 挫折しそうなときにどうするべきか

親子でがんばる少年期を終え、青年期に入ると全日本選手権をはじめとするトップレベルの大会に出るような仕上げの段階に入っていきます。問題はいかに高いレベルで青年期に入っていけるか。ですから、少年期の成長過程が重要なのです。

たいていの子どもは練習の厳しさや、練習と勉強の両立に悩み、途中で投げ出しそうになっていきます。そこで挫折するか、挫折しないか。わたしは、その子が投げ出しそうになっている気配に気づくと、「自分でやると決めたことは最後までやりなさい。あなたは自分でやると言ったのですよ」と言います。きつそうで、挫折しそうになっているときに、「約束」を持ち出すのです。

子どもはハッと気づきます。でも、それで立ち直れるケースばかりではありません。そこでわたしはまた言います。

「あなたはいろいろなことの中から自分でこれをやると決めたはず。でも、まだやり通していないでしょう。最後までやっていないでしょう」

自分の子どもが挫折しそうになっているときこそ、まさに母親の出番です。子どもは往々にして、勉強がきついから練習ができない、あるいは練習がきついから勉強ができないと言います。

直也にもそのような時期はありました。わたしは長崎から呼び寄せて同居していた母親と小学生用のドリルを買ってきて、「ここまでやりなさい」と言い、線を引いてやらせました。それでも勉強が遅れていると思ったら、週1回だけでもと思って塾にも行かせました。中学受験のギリギリのときは家庭教師もつけていました。

なぜそこまで中学受験にこだわったかというと、中高大という進路の中で、体操が仕上げの時期に入っていくのは高校生以降だからです。全日本選手権に出るようになって、世界の舞台を目指す勝負の懸かる大会に出るようになると、受験勉強と並行してトップレベルで体操を続けるのは難しいものです。この時期はすでに一つのことに邁進しているべきタイミングなのです。

それならどうするのがよいか。受験の回数をなるべく少なくするのがいいのではないか。そう考えて、中高大と系列のある明大中野中学を受験させたのです。

やはり、高校も大学もその都度受験するとなると、相当な受験勉強が必要になります。塾にも行かなければならないでしょうし、勉強にかなりの時間を費やすことになってしまいます。それでは一つのことに集中できません。

体操で挫折しやすい要素には、勉強との両立以外にケガもあります。特に中学生ごろの成長段階で身長がぐんと伸びる時期には、腰やひざ、肩、手首など、さまざまな関節部分の痛みに襲われます。女子も痛みの出る選手は多いですが、特に男子の場合は女子よりも体の硬い子が多いので、痛みのない子はほとんどいないのではないでしょうか。

現在の直也はケガの少ない選手なのですが、中学のころはそれなりに痛い箇所もたくさんありました。鉄棒の練習中にバーにぶつかって脚を骨折したこともあります。ケガをすれば当然、病院に連れて行かなければなりません。

ところが、これは考え方によっては好機ととらえてもいいと思います。直也が脚を骨折したときは、学校からの送り迎えの他に病院への送り迎えもしていたので、車の中で運転しながらいろいろなことを話しました。

男の子は中学生くらいになると、なるべく母親から離れていようとしたり、しゃべりたくないという気持ちになるものでしょう。直也もそうでしたが、ケガのときに病院への送り迎えをすることによって、自然と会話をする時間が増えました。

口には出さないけれども、子どもは心の中では「ありがたい」と思っているものです。そのときは気づかなかったという子どもでも、大人になれば必ず、「あのときはありがたかった」という気持ちになります。

わたしは直也がケガをしたことで、病院への送り迎えをしなければならなくなったとき、仕事が増えて大変になると思う一方で、いろいろなアドバイスをする時間が増えたという前向きなとらえ方をしました。わたしの場合、自分自身もトップレベルで体操をやっていましたから、いいアドバイスができるという自負もありました。

普通の母親は体操のことについてはわからないと思いますが、そういう場合は、素直にコーチにアドバイスを求めるのが一番です。どんどん教えてもらっていい立場なのです。

お母さんたちの中には、子どもの成績が悪くなっていくと、コーチの言うことに耳を貸さなくなっていく人がいます。でも、それではさらに成績は下がっていってしまいます。自分たちが選んだ専門家を信頼し、指導者にアドバイスを請うべきなのです。自分の子どもに今どういう問題が起きているかを把握して、指導者と協力することこそ正しい判断であるはずです。

人は、挫折したときにいかにそれを乗り越えるかで苦労します。往々にして人間は、自分が挫折しているということを受け入れがたいことと感じ、他人のせいにしようとします。自分ががんばらなかったことや、用心しなかったことが原因であるのに、すべて人のせいにしてしまうのです。

ですから、子どもが「コーチのせいでうまくいかない」「先生が助けてくれないから困る」「コーチがすぐわたしをしかる」などと言い出したら、要注意です。

子どもは自分の調子が悪いと、家に帰って親に指導者に対する愚痴を言いがち。そうすると親は、我が子が可愛いものだから、それを鵜呑みにして、子どもに同調してしまうのですが、それは子どもの成長を妨げることにつながります。

こういうときに親が取るべき態度とはどういうものか。それは、指導者の側に立って子どもを諭すことです。不安や不満を感じたなら、指導者と直接話をして、コーチの目から見た子どもの状態を正しく把握するべきでしょう。

「コーチは、あなたのためにそう言って注意しているのだから、言われたことをしっかり理解しなければいけないのですよ」。母親がこう言って子どもを諭し、コーチの指導をフォローしてくれたとき、選手と親と指導者の関係は強固なものになっていきます。
逆に、こういうときに子どもと一緒になってコーチの悪口を言うようでは、子どもがますます伸びていかないし、せっかく取り組んできたことから離れていく一方です。

**躾MEMO**

自分たちが選んだ指導者を信じましょう。プロの指導者が、がんばっている選手のレベルアップを望まないことなどありません。それが仕事だからです。子どもが指導者の悪口を言ったり、伸び悩みの原因を指導者のせいにするような発言をしたら、なるべく早い段階で指導者と相談する機会を設けましょう。安易に子どもの側に立って「かわいそう」と同調することは、子どもの将来にいい結果をもたらしません。

## 負けたときこそ親が支える

試験や大会の前、子どもはどうしても緊張します。緊張や不安は脳が指令することですから、それを完全に排除することはできません。集中力があって、精神的に安定した状況で試合や試験に臨めれば一番いいし、そういう人は強い。本番でほかの誰よりも冷静に集中力を発揮できる人が、チャンピオンになるのですが、チャンピオンでも緊張はします。

大事な試合を前に子どもが緊張しているとき、親は子どものペースを乱してはいけません。試合の前の日など、荷物をまとめたりしているときは、大会のことについては聞いたりせずに、忘れ物はないかとか、そういう会話で収めておくのがいいのです。

子どもは不安と緊張でぴりぴりしていますから、親は大会のことにあまり触れないほうがいいのです。選手は不安の原因である大会や体操のことに、触れてもらいたくないのです。

実は、強い選手ほど、本当はその緊張を楽しんでいます。それでも、自分の中でコントロールしている緊張感を親から刺激され、さらに緊張を強めるようなことをされると微妙な均衡を壊されることになるのです。なにぶん、戦うのは人間ですから、心理的な負担が大きくならないようにしないといけないのです。

そういうとき、親から「がんばれ」「1番になれ」「失敗するな」などと言われると子どもはイライラしてしまいます。特にお母さんは、試合直前の子どもに対して神経を使ってあげてください。

わたしは、自分も選手でしたから、選手の気持ちがよくわかります。自分の子どもが翌日に試合を控えた日は、普段以上に普通にしようとしていました。家から送り出すときは、期待感を気づかれないように、いつもどおりに送り出せるように努力したものです。それはなかなか難しいことでした。

どんな親だって、自分の子どもに期待すると思います。ですが、過度の期待はいけません。勝ってほしいという願いが子どもに強く伝わりすぎると、子どもは「2番ではダメなのか」「勝てなかったらどうしよう」と追い込まれてしまいます。ですから、勝ち続けて負けることを知らない子どもは、2番になったとたん挫折してしまうことが多いのです。親の頭の中が「2番ではダメ」では、子どもに余裕がなくなってしまいます。

スポーツには負けるときも勝つときもあります。それを知っておかないと、負けたときに本人も親も家族全員も挫折するというような状況に陥ります。常に上ばかりを目指していると、そういう不幸な状況に陥る傾向が見受けられます。

勝ち続けていた子どもが負けると、心を閉ざしてしまいがちです。内に閉じこもってしまう子が多いのです。怖いからもうできないと言って、家から出てこなくなる子どももいます。

本来、スポーツは心が解放されるものです。それなのに、なぜそのような悪い方向に行ってしまう子どもが出てくるのでしょう。

心を解き放つためにスポーツがあるのに、反対に内側にこもってしまう。部屋に閉じこもって出てこない。それはトップを経験したがゆえの悩みで、指導者にとっても非常に難しい問題の一つです。競技の世界でトップを経験したことのない多くの親は、大抵お手上げになってしまいます。

ただ、親はやはり、自分の子どものせいではないと信じたいのです。ですから、人のせいにしたくなってしまいます。試合を客席から見ていた親から、「先生はうちの子が失敗したら会場を去った」と言われたこともあります。それほど、親は子どもの結果に神経質になってしまうのです。

うちの子はがんばったのにコーチの指導が悪かったというようなことを言い始めたら、それはモンスターペアレンツの予兆です。

人生にはいろいろなことがあります。いいことも悪いこともあるのです。けれども、悪いことが起きたといっても、それがすべてが悪いわけではありません。悪い結果が次のいい結果につながるかもしれません。悪いことが起こるのには理由があるのですから、その理由を反省すればいいのです。
たとえば、子どもの努力が足りなかったとか、ライバルの調子がよかったとか。あるいは、今のうちに挫折から立ち上がる試練を与えてもらって助かったなど、親にはそういうふうに考えてもらいたいのです。

人間は生身ですから、常に上昇し続けるのは無理です。だから、負けたとき、調子が悪かったときに親が支えてあげるのです。

「失敗や敗北は、あなたがもう一回挑戦する機会を与えてもらっているということ。失敗や敗北には理由があるのよ。だから、自分を見つめ直して、もう一回立ち上がる強さを身につければいいのだと思いなさいね」

親としてはいろいろな言い方ができます。そうすると子どもは、そのときは悔しがっていても、自然と立ち直っていくものなのです。子どもはしっかりと諭してやればたくましく這い上がってくるのです。そういう可能性を持っているのです。

親は選手が成功しているときは、子どもの才能だけで成功しているのだと勘違いしがちです。けれども、その時点で親身になって教えているコーチや、周りの多くの人々に支えられているのだと気づかなければいけません。

ところが、子どもの才能だと勘違いしている親は、子どもが失敗するとすべて人のせいにしがちです。これは難しい人間関係です。いったん人のせいにし始めると、何から何まで悪いことはすべて人のせい。信頼関係も何も一瞬ですべてなくなってしまいます。

スポーツの世界では、選手にはその選手の親が一緒について教えているというケースが少なくありません。テニス選手の母子、卓球選手の母子、陸上選手の父子、ウエイトリフティング選手の父子。子どもは世界トップクラスになっていてもやはり、親と一緒だと安心するのでしょう。

いざ何か問題が起きたときに、親子だと解決しやすいということがあるのだと思います。そういうとき、コーチはやはり他人の域を越えるのは難しいのです。

## 優秀な親が陥りやすい危険

子どもは常に親を抜きたいと思うものです。特に男の子は、親を追い越したいという思いが強くなります。ある段階まで成長し、だいたい高校を卒業するような時期になるとそう思うようです。

中学生のころは母親と距離を作ろうとすることの多いのが男の子ですが、高校生になると今度は父親をライバル視するようになります。何かと父親に突っかかっていくのです。ただし、そのくせ何か不安なことがあると、親と話したがる。その辺が不思議です。

直也も、高校生になって全日本選手権などの大きな大会に出るようになると、普段はわたしと距離を置きたがるのに、ときおり話し掛けたいような様子を見せるようになりました。

そんなとき、わたしは、あえて夜更かしをして、リビングで静かにテレビを見ていました。すると、子どもが自然と話しをしたくなって声をかけてくるのです。

そういうときはゆったりとした雰囲気の中で話を聞いてあげます。すると、「今日は話せてよかった」と言って寝室に上がっていくこともありました。日ごろはあまりしゃべりたくない、会話をしたくないという態度でも、やはりそれなりに悩みがあるのです。

反対に女の子は、母親にべったりになってしまいがちです。体操をやっている子どもの中にも、その日にあったことを一から十まで全部母親に話す子がいます。

選手のレベルが高くなるほど、母親との競技に関する知識の差は大きくなるのですが、それでも母親とべったりの女子選手は少なくありません。高校を卒業して、大人になりかけの年齢でもまだべったりという子もいます。そのあたりは、父親への対応と違っています。女の子は父親とは距離を置きたくなるのです。

男の子はやはり、父親に対してはライバルという見方をします。父親を超したい、親を超して一人前になりたいという気持ちは、女の子より男の子のほうが断然強いのです。

年頃の男の子が強く思うのは、父を、親を追い越したいということ。それは学歴だったりスポーツの成績だったり、さまざまです。ところが、そういうとき、優秀な親であるほど、自分の子どもも必ず優秀なはずだから、できないはずはないと信じ込んでいます。そして、思ったようにいかないと、なぜできないのだと怒りを覚えるのです。

「そんなこともなぜできないのだ」という言葉は非常に危険です。一方で、この言葉は自然と口を突いて出てきてしまうので、だからやっかいなのです。その言葉の裏には「自分は成功しているのだ。それをなぜ、自分の子どもであるおまえができないのだ」という高圧的な押しつけが潜んでいるのです。

自分が成功者だから、「こうすればできるんだ」という自信に満ちあふれた言葉は子どもの心を著しく傷つけます。親と子どもは性格から資質、素質も何もかも違うのに、自分のやり方を押しつけてしまうのは本当に危ないことです。成功した親は、子どもの挫折を認められません。自分の子は絶対に挫折するわけがない。受験なら失敗するわけがない。スポーツなら優秀な成績を取れないわけがないと思い込んでしまうのです。

努力すれば必ず自分と同じようにできるというのは大きな勘違いです。親と子では、素質や育っている環境や、性格、思考、そのほかすべてが違います。両親の遺伝子を半分ずつもらって生まれるのですから、違うのが当たり前。子どもには親とは違う独立した人格があります。

なのに、自分が成功してきたからこうすればできるのだと、押しつけがましく、権威的に教育をすると間違いが生じます。

子どもにとっては、「なぜできない」と言われても困ってしまうことがあります。親ができていたからといって、子どもも100%同じようにできるのだったら苦労しません。子どもとしては、「これだけやってもできないこともあるよ」と思ってしまいます。時代や環境が違うということもあるでしょう。

たとえば、スポーツをやってない親だったら、「そんなこと言ったたって、お父さん、お母さんはわたしが今やっている競技の選手だったわけじゃないでしょう。なぜ、そんなことがわかるの？　自分はやってないくせに」と反発もするでしょう。

子どもには子どものペースがあります。成長のスピードが速い時期もあれば、成長が止まるときもある。勉強やスポーツが伸びざかりのときもあれば、停滞するときもある。そんなとき、根拠がないのに過信している親は、子どもの変化を見抜けないのです。そして、最後は人のせいにしていきます。

そうなると、もう遅い。むやみに「自分の子に非はない」と思ってしまうと取り返しのつかない領域に入ってしまっています。

## 失敗を人のせいにさせない

勉強も体操も同じですが、試験や大会が始まれば自分の代わりになる人はいません。すべて自分でやらなければならないのです。ですから、失敗を人のせいにしていては、何も解決できません。学校の先生や指導者は、準備段階では支えてあげられますが、試験や大会では何もできません。

子どもの失敗を人のせいにする親は、どうしてそういうことがわからないのだろうと不思議です。試合でいざ自分が演技に立つと、そこから先はすべて自分でやらなければいけない。なのに、親は失敗を人のせいにしないと気が済まない。指導者にとっては腹立たしいことです。

子どもががんばれないときも、性急に「人のせい」にせず、子どものやる気が回復するまで待つことも必要です。せかしてもいいことはありません。少し時間がたてばきちんとやり出すという子どもはたくさんいます。

たとえば体操のオリンピック代表は男女5人ずつです。小さいころからそれに懸けて厳しい練習を積み重ねてきたとしても、この狭き門に入れる人はわずか5人だけなのです。それはある意味、東大に入るよりも難しいこと。努力の他に運も必要になってきます。

がんばれば全員が成功するわけではないから、多くの子どもが夢をあきらめなければならないのです。一所懸命にやってきた子どもであればあるほど、それはショックでしょう。でも、人は現実を受け入れ、立ち直らなければならないのです。そのときに支えてやれるのもまた親なのです。

親には二つのタイプがあります。自分が成功している場合と、自分は挫折してきたという場合です。

自分がある分野で成功した人は、子どもにもたいてい同じ道を歩ませたいと思うものです。体操を例に取ると、オリンピック選手だった人の多くは自分の子どもにも体操をやらせています。

けれども親子ともどもオリンピック選手になるというのは本当に至難の業です。自分の夢を子どもに託しても、そのほとんどの子どもはオリンピック選手になっていないという現実があります。オリンピックに出るというのはそれだけ難しいことなのです。

わたしの知っている限りでも、体操で親子がともにオリンピック選手というのは、塚原家のほかには、笠松茂さんと昭宏さん親子、相原信行さんと豊さん親子、山脇恭二さんと佳奈さん親子くらいしかいないと思います。大半の人が子どもにも体操をやらせているにもかかわらずです。親子でメダルとなると、それはもっと限られてきます。

体操の例を見るまでもありませんが、親に才能があったからといって、子どもが全員その才能を受け継いでいるということはありません。反対に、親は普通のレベルだったけど、子どもは優秀という親子もいます。いろいろなパターンがあるのです。

親は、子どもの成績が悪いとき、口には出さなくても顔を見ればがっかりしている。「なぜ、いい成績を取れないの？」というような、責めるような視線を浴びせられた子どもは、それがすごく重荷になるのです。

挫折したときに親が支えてあげないと、子どもは何でも人のせいにしがちになります。

「先生が教えてくれない」

「コーチがあんな練習をさせたから」

自分の成績が悪かったことを人のせいにして、親に言い訳をするのです。ときには親子がそろって人のせいにすることもあります。

けれどもそれではいけません。勉強だって同じです。高校や大学の受験に失敗する理由は、とどのつまりは本人ががんばらなかったからです。塾のせいでもないですし、教師のせいでもありません。すべて自分に理由があると悟らなければ前進はありません。

人のせいにしていては、体操クラブでも、塾でも、往々にしていいことはありません。自分の内側に理由があるのだということを、親が子どもに教えてあげられなければ、その子はその先もずっとそのまま。何もかも人のせいにする人生になってしまいます。

体操クラブに子どもを預けたいと言ってくる親たちの多くは、体操選手として成功させたいという願いを持つと同時に、勉強でも成功してもらいたいと思っています。日本は学歴社会ですから、体操をやっていればスポーツ推薦でいい大学に行けるかもしれないと考えますし、スポーツ推薦が取れない成績の場合でも、がんばって少しでもいい大学に進ませたいと願っています。

クラブをやめようというとき、親はクラブとどういう話し合いをすべきか。長い間お世話になったクラブですから、立つ鳥跡を濁さずというのが基本です。次のステップに行くときは、習い事でもなんでも、そこの先生とよく話し合って理解を求めて、次の所に行くのがベストです。

# 第3章

# 親の責任

## モンスターペアレンツにならないために

## 子どもに同調するな

コーチと選手の親との間にトラブルが起きやすいのは、子どもの成績が落ちたときや、ケガをしたときや、高校や大学進学のタイミングなどです。

わたしたちの体操クラブは過去に何人もの全日本チャンピオンを育ててきましたし、常に全日本のトップクラスの選手やその予備軍が何人も在籍していいます。つまり、現チャンピオンが同じ体育館で練習している後輩の選手に抜かれていくというケースが多くあります。

残念なのは、後輩に抜かれることで挫折を味わった選手が、挨拶もしないで出て行ってしまうようなときです。競い合うのは悪いことではありませんが、競い合いの結果敗れた選手と、挨拶もなしの退部という不幸な別れ方をするのは悲しいことです。

もちろん、人としてしっかりと感謝の思いを示し、選手としてのけじめをつけて引退する選手だっています。でも、そうではないケースもあるのです。今まで多くのことを教わり、ともにがんばってきた感謝の思いはどこへ行ってしまったのかと不思議になるほど、負けることで極端に態度を変える親もいるのです。

そういうとき、親がしっかりしていたがゆえに、踏みとどまったケースもありました。一度挫折しかけたところを、母親の教えで踏みとどまって心を入れ替え、大学に進んで卒業した後、教師や指導者になった選手も大勢います。

ですから、成績が下がったから体操クラブをやめたいと子どもが言ったときに、「今までずっと先生たちにお世話になってきたのだから、成績が下がったとか、誰かに負けたとかではなく、ある区切りまできちっとやりなさい」と言える親は貴重です。

子どもがうまくいっていないとき、親が子どもと一緒にがっかりしてばかりいてもいいことはありません。体操をやめて世の中に出たら、もっときついことや苦しむことがあるのです。わたしたちは「体操で我慢できなければ、社会に出ても我慢できないですよ」と教えているので、親にもそういうふうに教えてもらいたいのです。

わたしは、うちのクラブのコーチたちには「選手に接するときは、自分の子どもと思って、接するようにしなさい。自分の子だったらどうするかと思って接触しなさい」と指導しています。これを教えてあげなければいけないとか、こういうときは励まさなければいけないとか、いつも親と同じような気持ちで接していれば、いろいろなことが解決するのです。

ですからわたしは、選手をしからなければいけない場面で言葉を掛けないコーチをしかることがあります。

「自分の子どもだったらどうするの？　そんなふうに放っておくの？」

選手を育てるのは人を育てることですから、親もコーチも同じなのです。

長い間、体操界で指導者として生きてきて、感じていること、信じていることがあります。それは、こちらが誠心誠意やっていることに対しては、挨拶もなしに出て行った子どもでも、いつかは真意をわかってくれるときが来るということです。真心込めて子どもたちに接していれば、いつかは気づいてくれるのです。

何も言わずにやめてしまった子どもの中には、数年たってから手土産のお菓子を持って、体育館の玄関で泣いた子もいました。気まずく去って行った子どものお母さんの中にも、そっと練習を見に来たりする人もいます。そういうとき、わたしは指導者としてホッとするのです。

**躾MEMO**

**子ども時代、あるいは選手時代の苦労は、どんなにきつくてもあとで思い返せばいい思い出になるもの。大人社会で経験する苦労のほうが大変だからです。ですから、大人の苦労を知っている親が、子どもを厳しくしつけなければならないのです。**

## 太るのは気を引こうとするから

全日本でもトップクラスで、将来を嘱望される選手がいました。ところが、大きな問題がありました。その子の母親がむやみに我が子を信じるタイプだったのです。

選手として大切な時期に子どもがどんどん太っていったのに、うちの子どもは間食していませんと言い張る。こちらが何度言っても聞きません。

信じること自体は悪いことではないのです。いいことなのです。けれども実際には、コンビニで毎日菓子パンを二つも買って食べていたのですから、話になりません。

しまいにはその子のお母さんはケンカ腰になってしまいました。事実を聞かせても信じない。けれどもわたしは、その子のことを思って事実を言う。結論を言えば、そんなやりとりを繰り返しているうちに、母親はいつしか娘の実態を知ることになりました。そして、泣くばかりでした。

いくらトップクラスの選手でも、食事を我慢できない人はできないものです。なぜ体重管理をしなければいけないかというと、ケガにつながるからであり、体操はプロポーションも大事な競技だからです。美しいラインを出すことも大切な要素なので、注意するのです。選手も親も、そこのところをしっかりと理解しなければなりません。

このように、選手はベスト体重を守らなければいけませんが、それでもベスト体重というのは、身長何センチだから何キログラムにしなさいと決まっているものではありません。その選手が演技をしっかりできる体重であれば、ある程度までなら太っていてもいいですし、それがベスト体重なのです。決して禁欲生活を押しつけているわけではありません。

体操クラブには優秀な選手が多いので、次から次へとチャンピオンになる子が出てきます。すると、選手は自分にコーチの注意を向けたいという気持ちになって、わざと太ったりすることもあります。

家庭で兄弟姉妹がいる場合も同じです。子どもというのは、何人いても、常に母親との関係は1対1です。お母さんが一人一人に対して100%のエネルギーを注がなければなりません。二人いたら二人へ、3人なら3人へ、平等にエネルギーを注がないと、子どもはすねてしまいます。そして、親の気を引こうと悪い方向へ向かってしまうのです。

すねて、間違った方向に進もうとすればしかってもらえる。太れば怒ってくれる。子どもはそんな愛情にも飢えているのです。

そこが難しいところ。

ひいきをしたり、特定の子どもだけを可愛がったりすると、子どもは指導者や親の気を引こうとして、すねてしまうのです。

兄弟が多い場合の難しさはわたし自身が経験していますから、非常によくわかります。わたしは女ばかりの4人姉妹でした。家ではやはり、長女ばかりいろいろと買ってもらっていたように思います。妹としては、そういうことを単純にひがんでしまいます。

わたしは上から2番目でしたから、姉もいれば妹もいる立場。ですから、子どもが母親に対して「もっとわたしのことを見て」と思う気持ちはとてもよくわかります。

体操クラブでも同じです。トップの選手同士がコーチの気を引くために競い合うのです。そして、それが悪い方向に出ると難しくなるのです。

どの家庭でもそうですが、同じ両親を持つ兄弟でも、勉強ができる子もいれば運動が得意な子もいて、算数が好きな子もいれば、国語ができる子もいるでしょう。個性にはばらつきがあります。性格もさまざまです。

だから、親は子どもに合わせて気を遣い、皆一緒だから、ではなく、子どもごとの違いをしっかり見ていかないと悲劇が生まれます。子どもは基本的には親を独り占めしたいものです。だから親の言動に関して非常に敏感で、本当によく親を見ています。中でも、子どもの最大の関心事はお母さんなのです。一人一人に対して1対1のエネルギーで子育てをしなければいけません。

# 反抗期の対処法

子どもには多かれ少なかれ反抗期というものが来ます。中にはほとんど反抗期らしい時期がないまま大人になっていく子どももいますが、これは相当まれでしょう。

では、反抗期はいつ来るのか。これは千差万別ですが、比較的早い時期に来た子どもは軽症で済むことが多く、反対に、大人になりかけてから反抗期が訪れた場合は重症になることが多いように感じます。はしかと同じようなものといえると思いますが、小さいうちに来れば軽くて済むのです。

中学校から高校までいい子いい子で育ってきたのに、高3くらいになってから反抗期が来ると、結構取り返しがつかないくらいひどくなってしまうケースが多いようです。

多くの家庭では子どもが中1、中2のころに反抗期が訪れます。親に反抗的な態度を見せたり、今までいい子だったのが小さなことにへそを曲げて、ぷいと部屋を出て行くとか、いろいろな症状が出てくると思います。

けれども、それはある程度は仕方ないことです。子どもが大人になっていく、自立していくための変革期だからです。むしろ、中学1、2年生ごろに出てくればそれは自然なことだと思いましょう。

やっかいなのは「はしか」と一緒で、大人になりかけてからだと重症になってしまうことです。

体操をやっている子どもは基本的にしっかりとした規律の中で育ちますから、中学生くらいのときはまだ反抗期の来ない子どもが多いのです。だいたい、ずっといい子で育ってくるのです。

ところが、大学を選ぶころになってから反抗期が訪れるケースが多い。そうすると、普通より少し遅いタイミングでの反抗期だから手の施しようがなかったりするのです。

反抗期の子どもは見ていればすぐにわかります。体操クラブでも進学に際して親子を呼んで三者面談するのですが、反抗している時期の子どもは親の言うことを全然聞こうとしません。反抗期は時間が解決することも多いのですが、大学へ進むころ、高校を卒業する間近なころにその症状が出るとやっかいで、「挨拶もなしに退部」というようなケースも出てきます。

わたしは、どんな選手にもこう言います。

「やめるときは1秒でやめられる。でも考えてごらんなさい。倒立ができるようになるまで、車輪ができるようになるまで、蹴上がり倒立ができるようになるまでどれくらいかかったの？　1年もかかって、手のマメがつぶれて皮がむけたり、どれほどの苦労をしてここまできたの？　これほど苦労してやってきたのに、どんなケガをしても続けてきたのに、なぜ一瞬で投げ出すの？　もったいなくないですか？」

そう説得したことで、やめずにすんだ子どももいますが、「進路を変えます。勉強します」と言って体操をやめていく子もいます。

けれども先述したように、そうやってやめていった子どもの多くは体操をやめても、勉強もあまりしないと聞くことが多いのです。がんばっている子どもは両方ともがんばるのです。

だからわたしは言うのです。

「人間には節目というのもがあります。節目の手前でやめてしまうと、それまでの努力が報われません。節目までやり通したときは、そろそろやめる時期であるとか、そろそろ進路変更をしたほうがいいということが指導者にはわかります。あなたはまだその時ではありません。節目が来たら、それなりのアドバイスをしますから、それまで一緒にがんばりましょう」

ケガでどうしても続けられないなどのケースは別として、ある区切りまでやり通せば、その先には指導者、審判員、教員の道などもあるのです。体操の世界でなくても、社会人として立派に通用します。方向転換する先は、親やコーチが見つけてあげられるのです。

子どもがかわいそうだからもうやめさせますというのでは、その子が大人になってもっときつい現実に直面したときに、親はもう支えてあげられません。

親の望みは子どもの幸せでしょう。それなら、世の中に出てもきついことを我慢して乗り越えて成功する子どもになってほしいはずです。たとえ一人でも苦しいことを乗り越えやっていけること、一人で自分の道を見つけて生活していける人間に成長することが一番の望みです。ですから、一度やると決めたことは途中で挫折しないように支えないといけないのです。

そして重要なのは「がんばること＝成績」ではないということです。がんばって毎日出かけること。やり通すこと。それが素晴らしいのだと親がきっちり認めてあげるのが大事です。それも子どもを支えることの一つです。親が認めてくれれば、子どもががんばるからです。自分を省みず、安易に人をうらやましがることはいけません。競争の世界に生きていても、がんばったことを母親がしっかり評価してあげれば、その子はその次のところで必ずよい結果を得るはずです。そして、少しでも向上したらそれもまたしっかりほめてあげるのです。

勝負の世界は、人より努力しようとか、負けたくないからがんばるとか、そういったいい面が多い反面、注意していないと嫉妬心が膨らんでいく世界でもあります。だからこそ、人格を育てていかなければいけないのです。

勝負の中には、勝つにも勝ち方というのがあります。一方で、負けるにも負け方というのがあります。

挫折したことのない子どもは、試練に直面したときにもろくなるものです。そうならないように導くのは母親の役目。勝ち負けがあるスポーツの世界だからこそ、しっかりした人格を育てなければいけないと、わたしはいつも思っています。万人が勝てるわけではないからです。

がんばりや努力の大切さと同じように大事なことがあります。「好き」という気持ちです。これは主人がよく言っていることです。「好きだから体操をやるんだ」ということです。

体操が好きだったら、たとえ負けてもまた体操をやろうと思うものです。勝負だけを考えるのではなく、自分がなぜそのことに取り組んでいるかの根本を考えて、好きだからやっているのだと思えるようになることが大切です。これはどのスポーツにも共通すること。そうすれば「もう勝てないからやめる」とはなりません。

わたし自身、若いころと比べると少し考え方に変化が出てきているのかもしれません。競技に強かったり、勉強ができるだけでなく、思いやりのある優しい子に育つのが一番だと今は思っています。そういう子どもに魅力を感じるのです。

**躾MEMO**

「好きこそものの上手なれ」とはよく言ったもの。物事をがんばり続ける力は「好き」という気持ちから生まれます。子どもが本心から好きになれるものを見つけられる環境を与えてあげましょう。

## モンスターペアレンツの恐怖

　モンスターペアレンツは百害あって一利なしです。モンスターペアレンツとは、ある意味、親が我慢できていないということです。だから、何か起こると我慢できずに文句を言いに来たり、性急に結論を求めたりします。相手の都合も考えずに、です。

　子どもたちも幼稚園や小学校、体操クラブなどで集団生活をしています。けれどもモンスターペアレンツは自分のこと、自分の子どものことしか考えていないものですから、文句を言うことがその集団にどういう影響を与えるかをまったく考えません。人間関係を考える能力がないのです。

　自分のことしか考えずに文句を言ったり、無理な要求をしたりすれば、集団のチームワークが乱れるのは自明の理です。けれども、いくら「そういうことをしたらチームワークが乱れますよ。いくら優秀な選手の親だとしても、他人のことは関係ありませんという態度では困ります」と言っても聞かないのです。体操は個人競技ですが、日々の練習も試合もクラブという集団、グループ単位で行います。ですから、その部分を乱されると他の選手にも迷惑が掛かるのに、「人は関係ありません」と平気で言うのです。子どもの成績が優秀だから他人は関係ありませんという理論はまったく通用しませんし、逆に見苦しさが増します。

わたしたちの体操クラブにモンスターペアレンツが出現するようになったのはさほど古い話ではありません。いわば最近の話です。

社会は人間の集まりですから、誰もが集団の一員です。体操クラブも学校も、同じく集団の一員が集まってできています。

ところが、モンスターペアレンツにとって、子どもは自分の子どもだけ。そもそも人の迷惑を考えないから問題を起こす回数も多く、問題を起こしてはクレームをつけに来る。だから、その子どもも自然とわがままになっていくし、親と同じような行動をとるようになるのです。

モンスターペアレンツには別のケースもあります。あるトップ選手の両親が、子どもの試合があると不安になると言って試合前日に酔っ払っていたのです。両親の不安が的中したのか、選手は全日本選手権で負けて2位になり、地団駄を踏んで表彰台に上がろうとしませんでした。

わたしはあきれていましたが、とにかく表彰式には出させないといけません。ですからこう言いました。

「あなたは今までずっと勝ち続けていたけれど、今まであなたに負けて2番や3番になった人はこういう悔しさを何度も味わっているのですよ。そういう人たちの気持ちを考えたことはあるのですか」

その選手はどうにか表彰式には出たのですが、2位のメダルはもらったらすぐに首から外し、しまいには壁を蹴って泣いていました。

自分が悔しいからと、勝者に敬意を払うことのできない選手はアスリートの風上にも置けません。選手として失格です。しかも、その選手は「自分が負けたのは監督が審判に抗議してくれないから」と新聞記者に言いました。

翌日の新聞にはその記事が載りました。選手だけを取材して、選手がその場で言ったことの一部だけを取り上げる、その報道姿勢にも首をかしげてしまいましたが、考えてみればそもそも親の姿を子どもが見ているからこういう行動を取るのだと思いました。

なにしろ、その選手の両親は勝ち負けにこだわるあまり、自分の子どもの実力が衰えてきていることにうすうす気づき、不安で試合の前夜に深酒をしていたのです。

親がモンスターだと、子どももモンスターになってしまいます。そうなってしまったら、もう救いようがありません。

両親だけがおかしいという段階では、子どもだけでも救ってあげようと思うのですが、モンスターペアレンツの子は、モンスターチルドレンになりがちです。そこが親子なのです。母親と子どもは一心同体だと感じるゆえんです。

スポーツには勝ち負けがありますから、永遠に勝ち続けるなんてありません。

だからこそ、負けたときでも、ケガをして成績が上がらないときでも、我慢しなさい、次にがんばりなさいと言える親でなければいけません。親が子どもと一緒になって負けたことに憤慨しているようでは先がなくなってしまいます。

不幸な人は、アドバイスをしてくれる人が周りにいない人です。自分が間違いを犯してしまったとき、正しいアドバイスをしてくれる仲間の存在は貴重です。そういういい仲間を作るためにも、人から好かれる「しつけ」が大切なのです。

おじいちゃんやおばあちゃんでも、自分の友人でもいいのです。これはダメなんじゃないの、と言ってくれる人が周りにいないのは不幸なことです。

たとえばわたしも、体操協会の役職に就いていて、もう辞表を出そうと思ったことがありました。けれどもそのときは、主人が「今は出す時期ではないんじゃないか。今、辞表を出すと会長に迷惑を掛けることになるかもしれない」と言って止めてくれたことがありました。このときの主人のアドバイスは的確で、わたしは人に迷惑を掛けずにすみました。

信頼できる人が軌道修正してくれるのは、本当にありがたいことなのです。

**躾MEMO**

困ったことに、周囲からモンスターペアレンツと思われている親は自分たちをモンスターだと思っていません。他人のことは冷静に批判できても、自分のことになると客観的な判断ができない。その自己中心的な思考がモンスターを育てます。短絡的な行動をとる前に「自分の行動はおかしくない？」かを客観的に考えてみましょう。気軽に相談できる相手を持つことも大切です。

## 親の過剰介入はいけない

昔は、親が指導者に子どもを預けたら、「先生、どうか厳しく教えてやってください。悪いことをしたら怒鳴りつけてやってください」と言っていたものです。信頼して預けるのだから、それくらい当たり前という考えだったのです。けれども今はどうでしょう。成績が下がったら先生のせい。ケガをしたらコーチのせい。そして、すぐに文句をつけてきます。これにはわたしもびっくりするばかりです。

なぜモンスターペアレンツが出現してきたのでしょう。それは、「感謝」がないからです。

文句を言ってきて、一方的に「非は先生側にある」というような態度を示され、「では、今までお世話になりましたという気持ちはないのですか」と聞くと「今までのことは関係ありません」とか「いや、感謝はしているのです。でもそれとこれとは別です」と切り返されます。その態度が、まったく感謝している態度ではないのです。

モンスターペアレンツは、指導者や目上の人の話を聞こうという気持ちが欠如しています。かつての日本人はこうだったでしょうか。年上の人、目上の人を敬う気持ちが自然と培われていたのではないでしょうか。

彼らの相手をしていると、わたしは日本の将来が心配になってきてしまいます。日本のよき教育がすたれるのではないかと不安でなりません。いずれ日本文化が滅んでしまいそうで、恐怖さえ感じます。

他人のことを「関係ない」のひと言で済ませるような親が、まともな子どもを育てられるでしょうか。そういう親の子どもは、指導者の言葉を尊重せず「この技が嫌だ」「あの技が嫌だ」と言うようになるから困ったものです。

モンスターペアレンツに代表されるように、以前とは違う親の様態が見られるようになりました。そして今では親の言動をすぐ近くでじっと見て育った子どもたちが変わってしまってきているのです。

おかしな子どもにならないようにするには、親がしっかりしなければいけません。母体は家族なのです。その中心はお母さんです。お母さんがしっかり教育をしないと、大変なことになるのです。お母さんのしつけは何より大切です。

そもそも、体操クラブにやってくる子どものお母さんは、「ここが一番の環境で、一番の指導者がそろっているので来ました。よろしくお願いします」と言ってくるのです。それなのに、豹変するのだから困ったものです。

以前はこういうことはありませんでした。しっかりと選手を育てていれば、親がなんだかんだと余計な口出しをしてくるようなことはなかったのです。

体操クラブでは、必要以上に選手の親とは接点を持たないことにしています。それは、特定の親と付き合い始めると、他の父母が余計な気を遣ってしまうからです。どの親も、自分の子どもがいちばん可愛いわけです。ですから、特別に目を掛けてもらおうとして、ときには他の親を出し抜こうとします。そういう部分で競り合おうとするのです。

前にも記したように、外で選手のお母さんと偶然会ったので、一緒にご飯を食べていたら、その場面を別の親御さんが見ていて、「特定の親と仲よくしている」という声が上がったことがありました。

そのような意図はまったくないので、そういう言われ方をされても困ってしまいます。その一件があってからは、個人的な付き合いをすることを一切やめました。最初はあった「父母会」もなくして、行事があるときや、何か問題があったときだけ親を呼んで話し合うことにしたのです。

父母会にはいい面もありましたが、マイナス要素も出てきました。会の役職で上下関係ができたり、グループを作って新入選手の親に命令したり、しまいには対立が生じてしまったりするのです。「父母会に入らなければならないなら、上級クラスに上がってほしくない」という親もいました。

そもそも、親は習い事でも何でも、子どもを一度預けたからには後は指導者に任せるのが普通でしょう。指導の現場に親が介入してくるなんていうことはあり得ません。モンスターペアレンツの過剰な介入は百害あって一利なしです。

## しかられることは喜ぶべきこと

過剰な介入は絶対によくない。ただし、あまりにも放任主義なのもいけません。

ある全日本チャンピオンがいました。その子は大学進学をきっかけに体操クラブをやめ、これからは大学の部活動として自由に楽しく体操をやりたいと言ってきたのです。

これにはわたしも、その子の親も反対しました。なぜなら、体操クラブで練習してチャンピオンになったのですから、練習環境を変える必要はないのです。変えることによってリスクが大きくなるのです。

ところが、その親はかなり放任主義だったので、途中から何も言わなくなり、選手はクラブをやめていきました。すると、わずか半年後に行われた大会ではもう優勝争いをするレベルになく、それどころか国際大会の代表メンバーにも入れなくなってしまいました。子どもに任せっきりで、ほったらかしすぎるのもよくないのです。

競技者としてダメになっていく選手には共通項があります。自分の調子が悪くなると、いつしか指導者を批判の的にしていくのです。

わたしは子どもに言います。

「あなたたち、誤解しないでね。皆、しかられたら嫌な顔をするけど、むしろしかられることを喜びなさい。誰も、嫌な気分にさせるためにしかる人なんていないのですよ」

ここまで言ってもわからない子どもには、こう言います。

「しかられているうちは幸せなのです。その次の段階になったら、無視することもできるのです。しかるということは、あなたたちを思っているから。これじゃいけない、こういうふうにしてあげようと思って言うのです」

ですから、親も子どもをしかるときには、「あなたにはこういうふうになってもらいたくないのよ」という信念を持って、勇気を持って言わないといけません。

わたしは子どもたちの父母に言います。

「子どもは、そのときには聞いていないような顔していて、言われたことは必ず頭に残っているのです。だから、言うべきことはきっちり言いましょう。子どもの機嫌を取りたいからと、顔色をうかがっていてはダメなのです」

子どもは、親から言われたことは覚えているものです。ですから、親が「自分の子どもには、こうなってほしい、こうなってほしくない」という信念を持っていることが大切です。その信念から外れたときは、しかってあげないといけないのです。

間違った方向に進みそうになっているとき、一番に修正してあげられるのは母親です。気づいたときに少し方向転換をしてあげる。そういう考え方ではダメよと言って諭してあげられるのは親だけです。

もちろん、学校の先生やクラブのコーチも、その現場ごとに子どもに愛情を持っていろいろな指導をしますが、親がそれに頼ってばかりではいけません。学校やクラブのコーチがしっかりやってくれていたとしても、親には親のやるべきことがあるのです。

誰でも嫌われたくないですし、言わないほうが楽です。けれども、わたしは言います。その子のために大事なことは、言わないと始まりません。

そのとき、わたしは必ず子どもを呼んで近くに来させます。近寄せて言うことが重要です。言われたことをその子がしっかりと聞いたかどうかは、翌日の練習を見ればわかります。反省していると、真剣に練習をしているのが伝わってきます。

## うらやむ相手は自分より努力している

基本的には自分の信念と照らし合わせて、「これは子どもにとってよくない」と思ったときが、しかってあげるタイミングです。子どもがある程度成長してくると、往々にして、家庭ではしかりにくくなりますし、体操クラブでも代表選手になったりすると言いづらくなるものです。

しかし、わたしは言います。ダメなときはバンバン言います。

ただし、ヒステリックになってはいけません。言葉遣いには注意をして、その子のプライドを傷つけないように言います。ときにはカッカしてしまうときもありますが――。

トップクラスの選手同士というのは、微妙な心理状態にあります。同じ体育館で毎日顔を合わせながら、なおかつ集団の規律を乱さないように気をつけながら練習しているのですが、やはり、ライバル心が生じてきます。

そういうときに言うことがあります。

「ここの体育館の中には、ライバルがいっぱいいます。人間にはどうしても嫉妬心があるし、どの世界、どの集団でも、自分より優れた人には嫉妬をしてしまうものです。でも、たとえば世の中でお金持ちになった人は、お金持ちになっただけの努力をしているんですよ。トップになった選手は、それだけの苦労をしたからトップになっているんですよ。だから、うらやんではいけないし、嫉妬してはダメ。あなたもがんばりなさい。その人を超すようにがんばりなさい」

嫉妬心は、人間なら誰もが持っているものです。特に女の子は、人よりも可愛がられたいとか、コーチから他の人よりもたくさん教えてもらいたいとか、他の人よりも演技構成を早く作ってもらいたいとか、そういうふうに思います。そして人と自分を比較して、些細なことでも嫉妬しがちです。

だから、まず言うのは「うらやむ前に自分が努力をしなさい」ということです。おおよそ、うらやまれている人は、うらやんでいる人よりも努力しているものです。それを理解させないといけません。

最近の子どもの傾向で、よくない面を多く書いてきましたが、中にはいいこともあります。ライバルが、自分がやりたいのにできない技を成功させると、拍手をしているのです。この点に関しては、昔の選手のほうがライバル心をむき出しにしていたように思います。体育館で女子選手同士でとっくみあいのケンカをするような子も、昔はいました。

けれども最近は、そうやってライバルの成功を拍手で称えています。もちろん、心の中では自分にないものを持っているということを悔しいと感じているのでしょうが、応援はする。わたしたちが日ごろから指導しているように、社会生活の中では、ライバル心をあからさまに表面に出さないことが、人間として必要です。

人間の心の中には嫉妬心が生まれやすいものです。ですが、集団の中で生きていくうえでは、その感情は胸の内に収めていかなければなりません。これは教育（しつけ）して初めてできることです。相手に対するねたみがあからさまに出ると、ケンカをしたり意地悪をしたりと、人間の汚い部分が出てきてしまいます。本当にしつけしだいなのです。

**躾MEMO**

競技者には嫉妬心や負けん気が必要です。普通の人以上にそういう気持ちがないと強くなれないとも言えるでしょう。しかし、その嫉妬心をあからさまに出したり、人にぶつけたりせず、より一層の努力をするパワーに転化できる人が本当のチャンピオンになれるのです。

## 「自分の演技」をする

たとえばわたしの主人の塚原光男は、現役時代、周りが皆ライバルでした。当時は今以上に日本の男子の体操は強く、世界のトップクラスの選手が日本にはたくさんいました。その中で体操をしていると、いろいろな驚きがあったそうです。

試合中に、「塚原さん、あと何点で僕が抜きますよ」と冷ややかにささやいてくる選手。最後の種目に入るとき、「塚原に勝つぞ！」と言って演技を始めた選手。主人は鷹揚な性格で、そんなことを考えたこともないと、びっくりしたそうです。

主人は言いました。

「うちのお母ちゃんは、僕が小さいころ、１番になると人からうらやましがられるから2番でいいんだよ、光男、といつも言っていたんだ。だから僕は人を蹴落とそうとか、足を引っ張ってやろうとか、そういう気持ちがわからないんだよ。自分は自分の演技をしようとだけ思ってやっていたんだ」

もちろん、スポーツは人と競い合うものですが、体操の場合は、自分が一番いい演技をすれば、人と競らなくてもきちんと評価され、いい成績を収めることができます。だから体操競技には、自分が一番いい演技をしようという気持ちでやる選手と、人に勝とうと思ってやる選手がいるのです。

親のしつけしだいでいくらでも変わってくるといういい例です。

「自分の演技をしなさい。人に関係なく、自分が素晴らしい演技をしなさい。人に勝とうとしてやるのとは違います」

母親からそうやって言われたことを、大人になっても覚えているのです。主人は、60歳を超えた今でも、親の言葉を思い出すと言います。だから、お母さんの言葉は大切なのです。母親の教えによって、主人は人と争わなくても金メダルを獲れる選手になりました。自分がすべきことをしっかりとやって、チームでやるべきことがあればしっかり自分の責任を果たす。それが重要なのです。

対人競技である格闘技などは別です。格闘技は相手を倒さなければなりませんから激しい闘争心が必要でしょう。ですが、体操は芸術の世界に近い。自分がいい演技をすればいい採点をしてもらえる。すると上位に行く。1位になる。そうしたら金メダルだった。そういうことです。

体操の世界では、たとえ横にライバルがいても、自分がいい演技したことで金メダルがもらえるという気持ちでやってほしいし、そのように育ってもらいたいと思います。

体操競技は、人と争わなくても金メダルが獲れる素晴らしいスポーツなのです。

## 子どもとは常に1対1で向き合う

子どもが可愛がられる人間になるためには、母親にも父親にも役割がありますが、やはり半分以上は母親です。普段の生活の中で子どもを支えるのは母親の役目なのです。

父親は、いざ大きなことが起きたときに出番がやってきます。有事に活躍してもらわなければいけません。父親と母親では、家庭の中で違う役割があります。

思えば、直也に関わってきたのは、8割がわたしでした。会話も食事も8割が母親であるわたし。それで、本当にダメと思うときはわたしが父親に相談して、わたしから息子に伝えるということもありました。

父親は最終的な局面まで出て行かないほうがいい。小さな問題はお母さんが解決してあげる。お父さんはそれを上から見ている。それが円満にいく秘訣です。

それと、特に体操では、兄弟がいる場合は食事面でも違いが出てくるので難しい。自分は減量する必要があっても、別の兄弟はお菓子をぱくぱく食べられる。我慢しようにも、家で目にとまる場所にケーキが置いてあったりすると、余計にきつい。こういう環境で一流を育てようと思うと非常に難しいのです。

主人がこんなことを言っていました。

「うちのおばあちゃんが、光男だけ食べなさいって、肉を出してくれるんだけど、ほかの兄弟に悪くてさ。皆、粗末なおかずだけなのに、光男はがんばっているからって、僕にだけ肉をつけてくれる。だからおばあちゃんが席を離れたときに、兄弟に肉をあげてたんだよ」

主人は長男ですが、昔は長男だけが優遇されているということが普通にあって、わたしの実家でも、4人姉妹の長女だけ服を買ってもらうということが珍しくありませんでした。当時は長男や長女が家を継ぐという慣習があったからでしょう。ですから兄弟姉妹の間ではそれは普通のことでした。

けれども現代ではそうはいきません。兄弟姉妹が何人いても、1対1の愛情を持って接していないといけません。特に、子どもは常に母親を見ていますから、母親は気配りが大事です。

子どもは、母親が喜んでいるか、怒っているか、常に見ています。試験や大会で自分の結果が出たときなどは特に母親の反応を敏感に気にします。ですから、しっかりと1対1で見てあげることが大切なのです。

体操の指導でも、どうしても集中的に指導を強化する選手が出てきます。時間の制約もありますから、ある選手に指導者の目が集中する時期はどうしてもあります。すると他の選手はやはり嫉妬する気持ちが生まれてしまう。それもある程度致し方ないことです。

しかし、その状況のまま放っておいてはいけません。少しだけでも時間があれば、短い言葉でもそれぞれの選手に掛けていくことを心がけています。

ただ、家庭ではやや異なります。子どもは兄弟姉妹と比較されることをいちばん嫌がります。子どもにとっては兄弟姉妹との比較がいちばん傷つきます。よその子どもと比較されるのも嫌がりますが、兄弟姉妹との比較はいけません。だから1対1で向き合うことが大事なのです。子どもの個性に合わせて、1対1で向き合っていくことが重要なのです。

それでも、どうしても母親が一人の子どもに集中しなければならないときも出てくるでしょう。そういうときは父親に協力してもらいましょう。たとえば、母親が長女の大会や試験などのサポートで時間を取られてしまうときに、次女あるいは別の兄弟には父親が普段以上に声を掛けてあげるなど、家庭内で協力し合うことが重要です。

北京オリンピックとロンドンオリンピックに出た美濃部ゆう選手の場合は、妹が同じレベルで体操をやっています。一緒に北京オリンピックを目指していましたが、妹はケガが多く、苦労していました。すると、妹は「わたしはケガをして出られないけど、姉がオリンピックに行かなかったら家族も悲しい思いをしてしまう」と言って、姉を全力で応援するようになりました。これは、妹の気持ちをおもんぱかり、ひがむことのないようにしていた母親の努力の賜でした。母親は姉にばかり目を向けるというようなことをせず、ケガをした妹に対しても一所懸命に接していました。

**躾MEMO**

兄弟でオリンピック出場を果たした選手が「小さいころから兄弟で成績を比較されるのが一番嫌だった」と言っていました。オリンピック選手でさえ、結果だけで他の兄弟と比較されるのは嫌なものなのです。

## やりたいことは自由にやらせる

子どもが何かをやりたいと言ったときは、基本的にそれをやらせてあげることです。もちろん、その前に、自分がやりたいと言って決めたことには責任を持たせることが必要ですが、あれもダメ、これもダメというのはあまりよくありません。女の子なら親として心配というものがあるかもしれませんが、やはり男の子の場合はある程度自由にやらせてあげることが肝要でしょう。

たとえば直也も子どものころはテレビゲームが好きで、しょっちゅうゲームをやっていました。わたしは心の中では「どうなのかしら」と思いながらも、あまり制限をつけすぎるのもよくないと思い、好きなようにやらせていました。

ただし、これに関しては後悔しています。目が悪くなってしまったからです。

体操競技では、高スピードの中で器具をつかんだりする動作があるので、視力はとても重要です。ところが直也は乱視になってしまいました。これはゲームをやりすぎたからかもしれないと、後の反省材料になりました。

長崎で生まれ育った子どものころ、わたしは4つの習い事をしていました。幼児期からいろいろなことを経験させてあげようという両親の考えに基づいてのことでした。これはとても理にかなっていますし、子どもの可能性を広げるのに適していると思います。

幼いころからいろいろなことをやっているうちに、自然と得意なこと、好きなことがわかってきます。そして、小学校5、6年生で進むべき方向性を決めるのがいいのです。最初から一つのことだけしかやらせていないと、それがダメだった場合に行き場がなくなってしまいます。

たとえば、わたしが習っていたのはお習字。字を書くことに苦手意識がないと、手紙を書くのが苦になりません。必要に応じてすぐに手紙を書くことができるので礼を失せずにすんでいます。自分の字に劣等感があったら、お礼状などもなかなか筆が進まないと思います。

そのほかにも、踊りやバレエは体操の基本的な動きや表現力を高めるのに役立ちましたし、水泳は基本的な体力作りで役に立ちました。それに、人間として、全然泳げないというのはやはり不安ではないかと思います。

わたしは高校から体操を始めて、わりとすぐに全日本のチャンピオンになり、オリンピック選手にもなることができました。これは両親が習わせてくれた踊り、バレエ、水泳が確実に役立った結果であると思っています。思えば、幼少時にやっていた習い事は、今でもすべて実際に役に立っているのです。

**躾MEMO**

人間の運動神経は10歳くらいまで急速に発達し、12〜13歳には基本的な機能の発達がすべて完了するといわれています。だから、小学生のうちはいろいろな運動をして、より多くの体の動かし方を覚えておくべきなのです。

## 手作りに勝る食事なし

子どもの元気の源は食事です。ですから、お母さんの食事に関する関心度がどういうレベルであるか。これはとても重要です。元気な子ども、やる気のある子どもをはぐくんでいくには手作りの食事が一番です。

手作りのものには愛情がこもっています。お母さんが作ってくれるものが一番おいしいのです。ですから、体操クラブに通う子どもたちの親にも、試合の日にはなるべく子どもに手作りのお弁当を持たせてくださいと言います。いつもお金を渡して「パンやおにぎりを買いなさい」という親を持つ子どもは、残念ながら伸びない傾向が強いです。不思議なくらい、手作り弁当の子どものほうが伸びるのです。

愛情のこもった弁当を持たせて、昼どきには母親の愛情を感じながら食事をする。それが非常に大切です。あらゆるスポーツに必要な骨や筋肉を作っていくのは食事です。母親の役割の中でも食事というのは本当にウエートの高いものだということを意識する必要があるでしょう。

ときおり、最近がんばっていないなと思うような選手に、「朝は何を食べたの?」と聞くと、「パンにコーヒー牛乳」と言われて驚いてしまうことがあります。そういう子どもの親には「サラダや卵は食べさせていないのですか」と尋ねて指導します。

ナショナル強化選手になると、食事の写真を撮って提出してカロリー計算をするようになります。そして、専門家から食事の摂り方について指導を受けます。優秀な選手を育てるためには、食事はそれほど大切なことなのです。

昨今の選手たちの食生活を見ると、嗜好物が多いのが特徴です。そして、揚げ物(から揚げやトンカツなど)や、揚げた菓子(ポテトチップスなど)を好む選手が増えています。料理で簡単なのは炒める、揚げる。簡単でおいしいからといって油物の多い献立を繰り返していると、子どもが油物を好むようになってしまうのは当然です。好物になってしまってから制限するのは大変ですから、小さいうちから偏りのない食事を摂らせることが重要なのです。

とにかく野菜を多く摂ることが重要です。揚げ物を作ったら必ず野菜をつけるようにし、バランスを考えなければなりません。肉体は食にありなのです。

わたしの場合は、食事の知識に関しては恵まれていました。わたしの母が長崎市の保育課長で、調理師の資格を持っていたからです。専門的な知識を持った母親の手料理で育ったおかげで、子どものころからわたしは全然風邪を引きませんでしたし、元気に毎日練習できていました。その効果を実感していたからこそ、直也が小さいときも、それはそれは食事に気を遣いました。

また、手作りの食事は子どもの成長のために役立つだけではありません。時間のあるときだけでも、お父さんに弁当を作って持たせてあげるのもいいことです。子どもが学校にお弁当を持っていくときは、一つ多く作ってあげればいいのです。これはお父さんの健康のためにも、家庭円満にも役立ちます。

食事の中で気を遣ってほしいことがもう一つあります。母親はどうしても、自分が嫌いな食べ物を食卓に出すことが少なくなってしまいがちです。場合によってはまったく出さないこともあるでしょう。けれども、たとえ自分が食べられなくても、「子どもが将来大人になったときに食べられないと困るかもしれない」と思えるような料理は、ぜひ子どもに食べさせてあげてください。

食事も経験です。大人になって会食の席に着いたとき、好き嫌いなど言っていられない場面がやってくることもあるでしょう。そのときに備えて、食わず嫌いにならないよう、ある程度代表的な料理は経験させておいてあげたほうがいいのです。食の経験は子どもにとって財産になります。

## 指導者との出会いは一生のもの

スポーツでは全国大会で上位に入るなど、優秀な成績を収めた子どもが特待生として入学金や学費免除などの優遇を受けて進学するケースがよくあります。ところが最近は、特待生として大学に入ったにもかかわらず、入った直後に平気でやめてしまう子どもがいます。

進学に際しては、高校や所属クラブの指導者の推薦が必要ですから、そういった指導者たちはその子に対する責任を持って大学に送り出しています。それなのに、勝手にやめてしまうのはいかがなものでしょうか。人間としてあまりに情けないと思います。

ケガで続けられないというのなら仕方ありません。でも、その子が本当に続けるのが無理だからやめたのか、単純に遊びたいから、そのスポーツが嫌になったからやめたのかは、周囲はすぐにわかります。周囲をあざむくことはできないものです。

今まで、日本の大学では推薦入学に関して契約書を交わすということまではしてきませんでした。ところが、こうやって簡単に「やめました」では誰もが迷惑を被ります。もう、日本もアメリカなどのような契約書社会にしなくてはいけないのでしょうか。

世話になった人の厚意をふみにじって音信不通になる子どもは、親もまた似たような態度を取っているものです。

中には親がしっかりしていて、学校やクラブともきちんと話し合って円満にやめていく子どももいます。そういう親を持った子どもは幸せです。親のやり方を見て育てば間違いがないからです。

思えば、わたしが子どものころ習い事をしに行っていた先生のことは、大人になってからも本当に懐かしく思い出します。指導者になってからは、教え子のことを懐かしく思い出します。

あの選手は一所懸命やっていたなとか、がんばっていたなとか――。ところが最近の親はその気持ちが希薄なのではないかと感じてしまいます。習い事の先生は通りすがりの一人の人。自分の子どもを成功させるための人。そのようにとらえているのではないかと思う打算的な親が増えています。

これはやはり寂しいことです。こちらは相当なエネルギーを使って子どもを教えています。自分の子どものように、愛情を持って接しているのです。コーチ陣にも「自分の子どもに教えるのと同じ気持ちで指導しましょう」と言っています。

ところが、子どもの親が淡泊で打算的な感じだと、思い入れをしようにもできなくなってしまいます。指導者を、子どもを上手にさせてくれる道具のように思っているのではないかと感じるような親すらいます。習い事の時期が終われば、機械的に「ではさようなら」というように去って行くのです。

わたしは、どういう分野でも自分に物事を教えてくれる人とは、一生の出会いだと教わってきました。教えられたことで成長し、それが積み重なって自分という人格が形成されてゆくからです。いい指導者との出会いは一生のもの。たとえ習い事や競技をやめても、教わったことはしっかり覚えています。

親が指導者に対して希薄な感情しか持ち合わせていないと、子どもにもその感覚は乗り移ってしまいます。それでは貴重な時間と多くのエネルギーを使って取り組んでいるのがもったいない。

本当に、わたしが子どものころの先生は厳しい人ほど印象が強く、大人になってからもそういう先生のことをよく思い出しては懐かしんでいるのです。言われたことを後になってかみしめてみると、とてもいいことを言われていたと気づくこともあるのです。

## 母親の英断が子どもの将来を左右する

親がしっかりしてないと、子どもの進路や方向を間違ってしまいます。わたしはいつも主人のお母さんがすごいなと思います。主人は下町の大工さんの子どもでした。高校進学のとき、将来は大工さんになるために都立蔵前工業高校に行くか、好きな体操が強い國學院高校という私学に行くか迷ったそうです。結局、両方受験して合格したのですが、私学は学費が高いので「やっぱり公立に行く」と自分で決めたそうです。

当時としては珍しくないのですが、塚原の実家は兄弟が5人いたので、主人が親に学費を出してもらうのは大変だろうと考えたのは、ごく自然なことだったと思います。

ところが、蔵前工業には体操部はなかったそうです。そこで主人がしょげていたら、母親が「光男、國學院高校で体操をやりたいんだろ。國學院高校に入学金を払っておいたからね」と言ったそうです。母親の決断がなければ、金メダリスト塚原光男は誕生していないのだから、すごいことだと思います。

もし、主人が体操をあきらめて蔵前工業に進んでいたら卒業後は建築の仕事をしていたかもしれません。このように、運命の分かれ道でどのような道を選択するかどうかもまた、親にかかっています。

子どもが本当にやりたいと思っていることは何か。子どもが心から打ち込めるものは何か。そういう考えを持って、親が道を作ってやらなければいけない。その部分は打算的ではいけません。子どもがいったい何をしたいかということを中心に道を考えないといけないのです。たとえお金がかかるとしても、可能な限り、親は子どものしたいことを見抜いて導いてやらなければいけないと思います。そこが分かれ道になります。

ですから、体操クラブをやめる人も、その後何をするかについて、親がしっかり子どもの方向性を作ってやらないといけません。進学はお金のかかることですから、余計に親の役割は大きいのです。

できるだけお金のかからない進路を選んでほしいと考える親もいるかと思いますが、それではいけません。金額だけではなく、その子がその学校に行って何をしたいかとか、どういう将来が開けているかなど、選択に際して考慮しなければいけないことがたくさんあります。

どの学校を選ぶかはきわめて重要です。もちろん、習い事も重要。そういうものを見極めて選択し、決断することが必要です。

息子の直也の場合は、体操をやらせることを中心に考えて中学校を選択しました。通学時間を考えたのはもちろんのこと、受験勉強が大変になってくる高校受験、大学受験のときに苦労しないように、中高大とつながってる明治大の付属校にしたのです。それは体操をずっと続けていくために必要なことでした。高校も大学も普通に受験するとなれば、相当な労力を受験勉強に払わなければなりません。

学校を選ぶ際には親の考え方が重要になります。子どもは学費を出せるわけではないですから、親が考えてやらないといけないのです。

直也には、選手として体操だけに集中させるべきと思い、高校や大学の受験勉強をしなくてもすむように、小学校のときに塾に行かせて中学受験をさせました。家庭教師もつけました。

子どもが何かをやりたいというとき、親が手伝うことはたくさんあります。ただご飯を食べさせるとか、送り迎えするとかだけではないのです。進路の選択は本当に大切です。

わたしは直也の進路相談に関しては、自分の母親に相談しました。家でどういう勉強をさせて、受験に備えるかも母に聞きました。わたしは体操クラブの指導があって忙しかったので、母の援助を受けられたのは非常にありがたいことでした。

直也でも他の子どもでも見ていてよくわかるのは、スポーツをがんばる子どもは勉強もがんばるということです。練習があるから、勉強時間は短く集中してやらなければいけません。

# お礼の心

わたしが子どものころ、うちの親はスポーツをさせながら、その一方で読み書きを習わせてくれました。お習字やペン習字を習っていたことは、今も日常生活に大きく役立っています。

昨今は携帯電話があるので、「ありがとう」と言うのも電話で簡単にできるようになりました。けれどもやはり、一筆お手紙を書く、ハガキを書く、お礼状を書く、こういうことはすごく大切です。

わたしは自分が筆まめであるために親しくなった人がいっぱいいますし、助けてくれた人もいます。筆まめが我が身を助けることがあるのです。

何かしてもらったらすぐにお礼状を書くと、相手は気分をよくしてくれますし、その後の人間関係にもつながります。電話でもいいのですが、手紙はさらにいい。わたしは習字やペン習字を習っていたから、字には自信があります。だからお礼状もサッと書けます。

筆まめではない人は、お礼状をサッと書くことができません。字に自信がない人は、下書きを書いてから手紙を書く人もいるそうです。これではまめには送れません。すらすらとお礼状を書くこと。それがコミュニケーションを図るうえで一つの大きなことだったりするのです。自筆でのお礼状は、受け取った相手にとってもうれしいもので、印象がグッとよくなります。

自分の子どもが将来的に人間関係で困らないように、きちんとコミュニケーションを図っていけるよう、お習字は小さいときに習わせておくとよいでしょう。そういうことも母親のしつけの中で大切なことです。

また、自分が手紙やハガキをもらったら、きちんと返事を書くことも大事です。子どもはそういうところを真似します。母親がきちんとやっていれば、自然と子どももそれを真似し、礼節を学んでいきます。

お礼は本当に大切。何かをしてもらったとき、お礼もできないようでは可愛がられません。

**躾MEMO**

優勝や金メダルはスポーツの「目標」の一つであって「目的」ではありません。スポーツ本来の目的は心と体を鍛え、成長させ、より豊かな人生を歩むための土台を築くことにあります。目標が達成できればすばらしいことですが、たとえ目標に到達できなくても、目的さえ見失わなければ必ず大きな成果が得られます。

# あとがき

トップアスリートの育成現場はトラブルが絶えません。

新たな技術やルール変更への対応、国内・国外の戦力情報を入手し、分析して対策を検討。そういうことに専門的に取り組みながら、選手の体調や精神状態を把握しレベルアップを図る毎日。自分たちの体操クラブを運営しながら、ナショナルチームの強化責任者を担っていると休日などありませんが、選手育成・選手強化のためならどんな苦労も厭うことはありません。

ところが、多くのトラブルは育成・強化の本筋ではないところで発生します。自己管理ができないことで起こる故障や体調の悪化、ちょっとしたスランプに耐えられず簡単にバーンアウトしてしまったり、指導者のせいにして他の所属へ移るなど、自分本位な行動が引き起こすトラブルが増えているのです。体操競技に限らず、あらゆる競技の育成現場で「近頃はやりにくい……」という指導者の悩みをよく耳にします。

オリンピックなど大きな国際大会が華やかに報道され、成功者が人気タレントのように扱われることでも問題は生じます。活躍の対価として栄誉だけでなく、報酬や人気を得られることはすばらしいことですが、正常な価値観や人間性を失う危険性をはらんでいることも事実です。

そういう現場に長い間身を置いてきて、わたしがたどり着いたのが「しつけの大切さ」。世界のあらゆる文化圏でそれぞれの「しつけ」があると思いますが、日本にも伝承された「しつけ」があります。

しつけは子どもが成長し、大人になっていく過程で身につけなければいけないルールであり、マナーであり、文化なのだと思います。「お里が知れる」とか「親の顔が見たい」などと他人に陰口をたたかれないように、昔から親は子どもに口やかましくしつけをしてきました。

ところが核家族化が進み、経済が豊かになり、さまざまな情報が氾濫する社会の中で日本人のしつけに対する意識が薄れてきたように感じます。そして、しつけ不足を感じるようになってから、指導の現場で子どもたちの「弱さ」が目立つようになりました。家庭のしつけとアスリートとしてのレベルアップに何ら関わりはないように思えますが、実は、小さいころの厳しいしつけこそトップアスリートになるための必要条件であると思うようになったのです。

もちろん子どもの成長過程でいちばん悩みを抱えているのは両親、特に母親でしょう。お母さんたちが悩んだり困ったりしたときも「正しいしつけ」を行うことで、いろいろな問題が解消されるように思うのです。体操、スポーツに限らず、我が子が幸せな将来に向かってがんばってくれることを望むお母さんたちに、もう一度しつけの大切さを考えてもらいたくてこの本を書きました。

表題の書は、わたしの意見に賛同してくれた書道家の友人、杭迫柏樹さんの作品です。「身」を「美しく」と書く「躾」という字は、高度な技と美しさを競う体操競技にもつながるような気がして、わたしの好きな字です。まるで美しい演技のような書で、この本を飾っていただけたことに深く感謝いたします。

２０１２年10月　塚原千恵子

**著者**
つかはら・ちえこ
1947年長崎県生まれ。旧姓は小田。1968年メキシコ五輪に出場。引退後は指導者となり、現在総監督を務める朝日生命体操クラブで育てた五輪選手は24名。夫はオリンピック3大会（メキシコ、ミュンヘン、モントリオール）連続出場で金メダル5個を獲った塚原光男。息子の塚原直也も2004年アテネ五輪で金メダルを獲得。2008年北京大会、2012年ロンドン大会のオリンピック体操女子監督。主な著書に『塚原家の金メダル』『やせる体操ビューティー・コア・ストレッチ』『熱中夫婦ここにあり！』など多数。

**表紙の書**
くいせこ・はくじゅ
1934年静岡県生まれ。京都学芸大美術科（書専攻）卒。（社）日展常務理事（審査員）、（公・社）日本書芸院理事長、（社）全日本書道連盟顧問、読売書法会常任総務・執行役員代表、（財）全国書美術振興会常務理事など歴任。日展会員賞、日展内閣総理大臣賞、日本芸術院賞、京都府文化功労賞など受賞。『王羲之書法字典』『中国法書ガイド』『プロに学ぶ書の楽しみ方』など著書多数。

子どもの未来はしつけしだい
2012年10月29日　第1刷発行

著　　者　塚原千恵子
表紙の書　杭迫柏樹
発 行 人　前田　健
編 集 人　中川智文
発 行 所　日本文化出版株式会社
〒169-8915
東京都新宿区高田馬場4-30-20
TEL 03-3365-7373
装　　丁　フロッグキングスタジオ
印刷・製本　大日本印刷株式会社
定　　価　1,400円 本体1,333円